Alfons Schweiggert
Auf zur Wolpertinger-Jagd

Im Jagdmuseum in der Münchner Fußgängerzone (Neuhauser Straße 53) werden in einem eigenen Glasschaukasten rund 30 Prachtexemplare des seltensten und geheimnisvollsten Wesens der Welt gezeigt, des „Bayerischen Wolpertingers". Als gehörnter Hase mit Entenfüßen und Eichhörnchenschweif (= Ochkatzlschwoaf) beschäftigt er seit Jahrhunderten die Phantasie, nicht nur der Bayern.

Dieses Buch bietet nun erstmals in der Geschichte der Wolpertinger die Möglichkeit, die Jagd auf dieses wundervolle Wesen zu trainieren.

Die Gebrauchsanweisung auf den ersten Seiten ist so einfach gehalten, daß bereits junge Leute, denen dieses Buch in die Hände fällt, ohne Hilfe der Erwachsenen sich zur Wolpertinger-Jagd rüsten können. Wie die Erfahrung zeigte, kam es in den Familien, in denen nur ein Exemplar dieses Jagdbuches zur Verfügung stand, zu oft heftigsten Auseinandersetzungen zwischen den Generationen der ganz Jungen, Jungen, Erwachsenen und jung Gebliebenen. Denn wer dieses Buch einmal in Händen hält, läßt es nicht mehr so schnell aus.

Alfons Schweiggert, Jahrgang 1947, Altbayer, Münchner Turmschreiber, ist *der* Wolpertinger-Experte schlechthin. Er ist Präsident des Wolpertinger-Vereins 1860 n. e. V. (= nicht eingetragener Verein). Außerdem hat er bereits Vieles zu diesem Thema veröffentlicht, so das grundlegende Werk „Alles über den Wolpertinger" (ebenfalls im Ludwig Verlag).

Ludwig · Reihe Bavarica · Band 34

Alfons Schweiggert

Auf zur Wolpertinger-Jagd

Ein bayrisches Jagdspielbuch

WLV
W. Ludwig Verlag

ISBN 3-7787-3301-X

Gesamtherstellung: Ilmgaudruckerei Pfaffenhofen
Printed in Germany

Umschlaggestaltung: Wilhelm Maier-Solgk, München
Bilder im Innenteil: Alfons Schweiggert

Inhalt

Der Wolpertinger – Bayerns größtes Rätsel

Der Wolpertinger ist ein seltenes Wesen mit Hasenkopf, Gamskrickerln, Marderleib, Entenfüßen und Eichelhäherflügeln. Er wird auch Kreißl genannt und ist Bayerns heimliches Wappentier. Er ist sehr scheu, und wird selbst von Bayern selten lebendig gesehen – von Preußen nie! Im ausgestopften Zustand ist er hie und da anzutreffen und als Glücksbringer für Heim und Familie unbezahlbar. Liebhaber scheuen deshalb auch nicht die gepfefferten Preise für ein Exemplar.

Besonders schwierig ist das Fangen dieses Tieres, da die Jagd nur 14 bis 16 Tage vor dem nächsten Gewitter möglich, wenn auch behördlich verboten ist – aber wen schert das schon in Bayern? Von einer entflammten Bienenwachskerze, die vor einem geöffneten Kartoffelfangsack aufgestellt ist, angelockt, nähert sich der neugierige Wolpertinger und wird unter zu Hilfenahme eines Fangspatens in den Fangsack bugsiert.

Wolpertingerspeichel fördert den Haarwuchs, Wolpertingerbauchfett die Manneskraft und die Wolpertinger-Jagd die Intelligenz. Wer beim Wolpertinger-Fang ahnungs- und deshalb meist auch erfolglos ist, oder wer sich auf der Jagd von Jägern als Wilderer verhaften läßt, kann sich sowohl vom Spott der Freunde wie von langjährigen Freiheitsstrafen nur durch ein Faßl Bier freikaufen.

Wolpertingerfanggebiete sind äußerst rar und selbst

nach mühevoller und wochenlanger Fährtensuche nur selten zu finden.
Gar mancher wurde dabei nerven- und gemütskrank und verlor unter mysteriösen Umständen Verstand und Leben. Deshalb stürzt sich der, welcher es trotzdem wagt, eine Wolpertinger-Jagd zu beginnen, in gefährliche und unheimliche Abenteuer. Viel Spaß!

Das alles ist an einem reinrassigen Wolpertinger aus Bayern dran.

Auf zur Wolpertinger-Jagd!

... der muß haben sieben Sachen

Zuerst einmal, als Jagdkumpel wollen wir uns duzen, wenns recht ist. Das ist in Bayern so der Brauch.
So einfach, wie du glaubst, ist eine Wolpertinger-Jagd leider nicht.
Zuerst besorgst du dir einmal drei Hilfsmittel und vier Fanggeräte. Letztere bekommst an der Ausgangsstation, erstere aus deinen Schubladen.

Fanggeräte

1. eine Kerze aus echtem Bienenwachs
2. Originalzündhölzer aus Bayern
3. einen gebrauchten Kartoffelsack
4. einen Fangspaten

Hilfsmittel

1. einen Würfel
2. ein Notizblatt
3. einen Schreibstift

Es gibt nur eine richtige Fährte zum Wolpertinger. Aber viele falsche Spuren führen dich in die Irre und locken dich in manchen Hinterhalt. Dauernd erlebst du weißblaue Wunder und gehst oft im Kreis. Bei jeder Station deiner Fährtensuche mußte du dich zwischen zwei und mehr Möglichkeiten entscheiden.

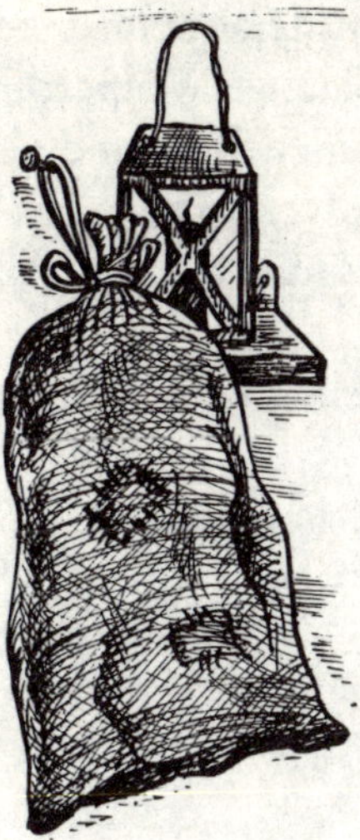

Laterne, Bienenwachskerze und Kartoffelsack gehören zu jeder Jagd.

Der Wolpertinger wird mit dem Fangspaten in den Sack bugsiert.

Gib aber nicht klein bei, wenn du nicht gleich beim ersten Durchgang Jagdglück hast. Der gelbäugige Wolperdinger hat eben viele Freunde, die ihm helfen und ihn beschützen, dich aber hemmungslos verwirren.

Außer den Fanggeräten benötigst du fünf weitere Voraussetzungen:

A) eine Menge Irxnschmalz (das heißt, einen Haufen Muskeln)
B) ziemlich viel Grips (was soviel wie Köpfchen ist)
C) eine große Portion Maßl (das bedeutet Glück)
D) einen Haufen Brotzeitpackerl (also Nahrungsmittelpakete)
E) zwei Flascherl gegen den Durst.

Woher bekommst du die fünf weiteren Voraussetzungen?

A) Eine Menge Irxnschmalz

Du willst wissen, wieviel Irxnschmalz du überhaupt hast? Nimm einen Würfel und würfle einmal. Zähle zu der gewürfelten Zahl 5 dazu.

Beispiel:
Du hast 3 gewürfelt. Zähle 5 dazu. Das ergibt 8. Jetzt nimm dein Notizblatt und schreibe auf.

Irxnschmalz

3 + 5 = 8

Diese Anfangszahl brauchst du bei der gesamten Fährtensuche.

B) Ziemlich viel Grips:

Auch deinen Grips kannst du erwürfeln. Diesmal darfst du sogar zweimal hintereinander würfeln und zu jedem Ergebnis einmal 5 dazuzählen.

Beispiel: Du hast beim ersten Mal 2 gewürfelt und beim zweiten Mal 5. Dann schreibe auf:

Grips

$$\begin{aligned} 2 + 5 &= 7 \\ 5 + 5 &= \underline{10} \end{aligned}$$

Gesamt: 17

C) Eine große Portion Maßl:

Auch für dein Maßl brauchst du den Würfel. Einmal würfeln, 5 dazuzählen. Fertig!

Beispiel:
Du hast 4 gewürfelt. Notiere auf:

Maßl

$$4 + 5 = 9$$

D) Ein Haufen Brotzeitpackerl

Bei der Brotzeit machen wir nicht lange herum. Du bekommst insgesamt 11 Brotzeitpakete mit auf den Weg. Pack sie in deinen Kartoffelsack und notier sie auf:

1. Weißwurst und Brezn
2. Leberkäs und Semml
3. Radi und Butterbrot
4. Schweinshaxn und Knödl

5. Wurstsalat
6. Schweinswürstl und Kraut
7. Knusprigs Brathendl
8. Obatzta und Bauernbrot
9. Erdepfischmarrn
10. Zwetschgndatschi
11. ein Paar Auszogne

Schreibe: *Brotzeit*
11

E) Zwei Flascherl gegen den Durst

Bei den Getränken hast du die Auswahl zwischen zwei Flaschen Starkbier oder zwei Fläschchen Kerschgeist oder zwei Flaschen bayerischen Rachenputzerweins.

Beispiel: *Getränk*
2 Starkbier

Dein Notizzettel könnte bis jetzt beispielsmassig so aussehen:

Irxnschmalz	Grips	Maßl	Brotzeit	Getränk
8	17	9	11	2 Starkbier

So, und jetzt beachte folgende Gebote!

1. Diese Anfangspunkte müssen während der ganzen Wolpertinger-Jagd für dich sichtbar bleiben. Auch wenn du von ihnen Punkte abziehen und

dazuzählen mußt, müssen die Anfangspunkte lesbar bleiben. Du brauchst sie nämlich immer wieder.

2. Du darfst niemals diese Anfangspunktzahlen überschreiten, es sei denn, du bekommst eine „Extraerlaubnis“ dazu.
3. Schreibe immer alles gewissenhaft auf.

Wozu sind Irxnschmalz und Grips gut?

Irxnschmalz und Grips brauchst du, wie jeder Bayer, bei Raufereien und für Kraftproben körperlicher oder geistiger Art. Deine Gegner besitzen auch beides, und glaub' mir, nicht zu wenig.
Alle Raufereien und Kraftproben spielen sich nach festen Regeln ab. Zuerst mußt du zweimal für deinen Gegner

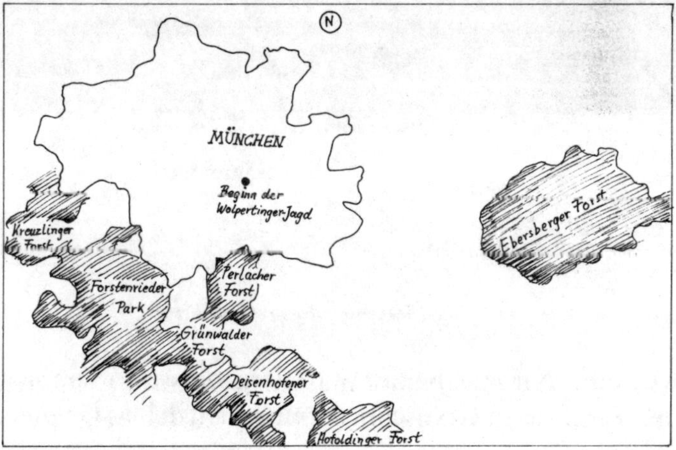

Skizze der Waldgebiete für die Wolpertinger-Jagd um München herum

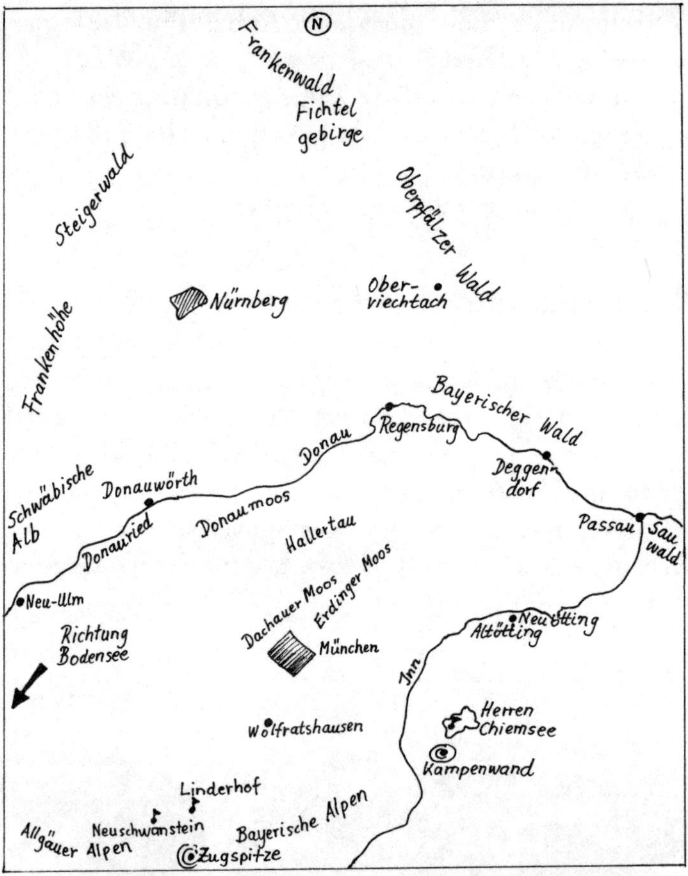

Skizze des Wolpertinger-Jagdgebietes mit allen wichtigen Orten

würfeln. Nimme beide Würfelergebnisse zusammen und zähle sie zur Irxnschmalzpunktzahl deines Gegners dazu.

Beispiel: Du liest: Goggolori: Irxnschmalz 4
Du würfelst zweimal: 5 + 2 = 7 + 4 = 11

Jetzt mußt du zweimal für dich selbst würfeln. Nimm beide Würfelergebnisse zusammen und zähle sie zu deinen augenblicklichen Irxnschmalzpunkten dazu.

Beispiel: Du hast augenblicklich 7 Irxnschmalzpunkte
Du würfelst zweimal:
6 + 4 = 10 + 7 = 17

Die Wolpertingerfangschlinge aus Wurzelwerk findet heutzutage nur mehr selten Verwendung.

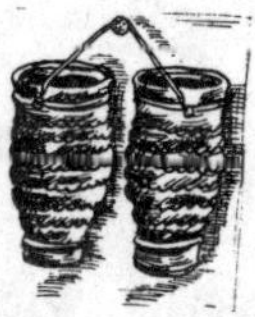

Hingegen sind die gestrickten Wadelschützer gegen Wolpertingerbisse ein ausgezeichneter Schutz. Sie gehören zur bayrischen Tracht, weil die Bayern mit ihnen danach trachten, den Wolpertingerbissen wirksam zu begegnen.

Es gibt nun drei Möglichkeiten.

a) Du hast mehr Punkte als dein Gegner (siehe Beispiel: 17 zu 11). Er hat deshalb eine Schlappe erlitten. Du darfst ihm von seinen Gripspunkten 2 abziehen.
   Beispiel: Goggolori Gripspunkte 3
   3 – 2 = 1

b) Hat dein Gegner mehr Punkte als du, hast du eine Schlappe erlitten und mußt dir von deinen Gripspunkten zwei abziehen.
   Beispiel: Du hast augenblicklich Gripspunkte 14
   14 – 2 = 12

c) Seid ihr dagegen punktgleich, geht eine neue Würfelraufereirunde an, wie du es gerade gelesen hast. Ihr müßt solange würfeln, bis entweder du erledigt bist oder dein Gegner k. o. geht. Das heißt, einer von euch beiden muß am Ende eines solchen Kampfes nur mehr 0 Gripspunkte haben. Bist du der Verlierer, mußt du zum Gripspunkteauftanken zur Ausgangsstation am Anfang zurück, das heißt, ganz von vorne mit deiner Fährtensuche beginnen, leider!

Wofür nützt das Maßl?

Du besitzt, wie du weißt, auch Maßl, das heißt Glück. Wenn du die Frage liest: „Hast du Maßl?“ darfst du dein Glück auf die Probe stellen. Und das geht so.
Du mußt zweimal würfeln und beide Ergebnisse zusam-

menzählen. Vergleiche dann die Endsumme mit deiner augenblicklichen Maßlpunktzahl.

a) Ist diese Zahl kleiner als deine soeben gewürfelte Zahl, hast du Pech gehabt und du mußt die jeweils angegebenen Folgen tragen. Dazu verlierst du noch einen Maßlpunkt.

b) Ist diese Zahl größer als deine Würfelzahl oder gleich groß, dann hast du Maßl gehabt und brauchst von den angegebenen Maßlpunkten auf deinem Notizblock bloß einen Punkt abzuziehen. Die Folgen, die genannt sind, bleiben dir hingegen erspart.

Beispiel a: Zweimal würfeln: 6 + 6 = 12
Deine Maßlpunktzahl auf dem Notizzettel: 8

8 ist kleiner als 12. Du hast Pech gehabt. 8 – 1 = 7. Außerdem mußt du die Folgen tragen.

Beispiel b: Zweimal würfeln: 3 + 2 = 5
8 ist größer als 5. Du hast Glück gehabt. Du mußt nur einen Punkt von deinen Maßlpunkten abziehen: 8 – 1 = 7

c) Hat bei einer Rauferei dein Gegner zwei Gripspunkte verloren, darfst du immer zusätzlich dein Maßl versuchen. Das geht so, wie du bei a und b gerade gelesen hast. Hast du dabei Maßl, verliert dein Gegner zwei weitere Gripspunkte. Hast du Pech, erhält dein Gegner wieder einen Gripspunkt zurück.

d) Hast dagegen du bei der Rauferei zwei Gripspunkte

Wolpertinger-Postkarten erfreuen sich zunehmender Beliebtheit.

Den beliebten Wolpertinger-Aufkleber sieht man in Bayern auf vielen Autos.

Das höchste Postwertzeichen der Bayrischen Bundespost ziert der Scharfzahnwolpertinger aus Berchtesgaden.

verloren, darfst du trotzdem dein Maßl versuchen, wie es oben bei a und b beschrieben ist. Hast du Maßl, erhältst du einen Gripspunkt zurück. Hast du Pech, verlierst du zwei weitere Gripspunkte.

Reißausnehmen kann die Rettung sein!

Du kannst vor einem Gegner auch abhauen, aber nur, wenn es dir ausdrücklich erlaubt wird. Dafür aber mußt du dir jedesmal von deinen Gripspunkten zwei Feigheitspunkte abziehen. Trotzdem kann Feigheit manchmal die Rettung für dich sein.

Vergiß das Brotzeitmachen nicht!

Hast du von deinen Gripspunkten viele verloren, wird es höchste Zeit, daß du wieder welche bekommst. Wenn es dir erlaubt wird, verzehre schnell ein Brotzeitpaket, aber bitte immer nur eines. Dann bekommst du 4 Gripspunkte geschenkt, verlierst aber natürlich einen Brotzeitpunkt. Paß gut auf, daß es nie mehr Gripspunkte werden als du zu Beginn deiner Fährtensuche hattest, es sei denn, du erhältst dazu eine Sondererlaubnis.

Zum Essen gehört ’s Trinken

Dabei kommt es darauf an, welches Getränk du gewählt hast. Du weißt ja, du darfst nur eine Sorte mitnehmen, sonst bekommst du einen Rausch oder es wird dir übel, wenn du alles durcheinander trinkst.

a) Jede der zwei Flaschen *Starkbier* gibt dir soviel Irxnschmalzpunkte zurück, wie du zu Beginn deiner Jagd gehabt hast. Du darfst immer nur eine Flasche ganz austrinken.

b) Hast du statt Bier zwei Flaschen *Kerschgeist* dabei, kannst du dir zweimal soviel Gripspunkte, wie du zu Beginn deiner Jagd gehabt hast, zurückholen. Bitte immer nur ein Fläschchen, aber das ganz kippen!

c) Hast du statt Bier und Schnaps die zwei Flaschen *Rachenputzerwein* gewählt, geben sie dir insgesamt zweimal soviel Maßlpunkte zurück, wie du zu Beginn deiner Jagd aufnotiert hast und – was für ein Maßl! – Jedesmal bekommst du sogar noch einen Zusatzpunkt dazu, also zweimal je einen.

Achtung! Brotzeitmachen darfst du 11mal, aber nur mit Erlaubnis. Trinken darfst du nur 2mal, das aber, wann du es willst.

Gleich geht's auf!

Noch ein heißer Tip! Auf der Fährtensuche findest du an manchen Stellen kleine Rechenaufgaben. Sei so schlau und notiere dir die Ergebnisse sorgfältig auf. Wofür du sie brauchst, erfährst du schon noch zur rechten Zeit. Wenn du Glück hast, und einen Wolpertinger fängst,

wirst du alle Strapazen und Schwierigkeiten schnell vergessen haben und fürstlich belohnt werden.
Ich wünsch' dir dazu

Waidmannsheil!

Halali! Die Jagd beginnt! – 400 Stationen sind's!

Ausgangsstation

Du besuchst in der Wix (kurze Lederhose!) das berühmte Valentin-Musäum in München, in welchem sich ein wunderschöner Wolpertinger befindet, den sich der Valentin hat ausstopfen und einglasen lassen.
Du stehst vor ihm und seufzt: „Ach, hätt' ich doch auch so einen Wolpertinger!"
Da tupft dich wer auf deine Schulter. Du drehst dich verwundert um. Hinter dir steht Karl Valentin persönlich. Er reicht dir einen Fangsack, eine Bienenwachskerze, einen Fangspaten und echt bayrische Zündhölzer mit schwarzen Zündköpfen. Dann sagt er: „An Wolpertinger wolln S'? Gäh, fangan S' ihnen doch selber einen. Hier haben Sie Ihre Ausrüstung, mit der Sie den Wolpertinger einrüsten können. Aber geben S' acht vor seiner Entrüstung, weil sonst können S' abrüsten. Wenn S' aber einen Wolpertinger gefangen haben, haben Sie eine entsetzliche Freud' mit dem Viecherl. Und ausgestopft kann er 100 Jahre alt werden, wenn er's derlebt."
Nach diesen Worten ist Karl Valentin verschwunden. Du rufst ihm nach: „Hallo, Herr Valentin!" – Moment, hast du gerade Walentin gerufen? Was, ja? Dann mußt du dir leider gleich einen Gripspunkt abziehen, du sagst doch auch nicht Water zu Vater oder Wogel zu Vogel. Es heißt auch nicht Walentin, sondern Valentin wie mit F gesprochen.

Was soll's? Dich packt trotzdem das Jagdfieber. Du gehst rasch die Wendeltreppe des Valentin-Musäums hinunter und weißt plötzlich huntertprozentig: „Ich fange mir einen Wolpertinger oder ich will verderben!“ Du verläßt das Musäum und überlegst, ob du rechts oder links weitergehen sollst.

Du gehst nach rechts, dann mach' weiter bei 70
Du marschierst nach links, dann rasch zu 277

Karl Valentin mit seinem Lieblingswolpertinger, den man noch heute im Valentin-Musäum besichtigen kann.

1 Der König Watzmann reitet mit seinem Gefolge auf dich zu. Du weißt, daß er ein gewalttätiger Herrscher ist, der alles gnadenlos niederreitet, was ihm im Wege steht. Willst du es wagen, ihm zu zeigen, wo der Bartl seinen Most holt, dann trau dich, und gehe zu **15**
Kriechst du lieber unter einen Reisighaufen, um zu warten, bis er vorbei ist, dann begib dich zu **268**

2 Der Fischer vom Königssee ist bereit, dich über den Inn zu bringen. Er fragt dich, was du dafür springen läßt. Du zeigst ihm deine Silber- und König-Ludwig-Taler. Er deutet auf zwei Ludwig-Taler. Wenn du ihm die geben willst, dann zu **271**
Hast du kein Geld oder keine Lust zu zahlen, ziehst du statt dessen deinen Hirschfänger, – falls du keinen besitzt, kannst du auch den Fangspaten benutzen, um ihn zur Überfahrt zu zwingen, dann zu **126**

3 Streng schaut auf dich ein General aus dem Dreißigjährigen Krieg. Es ist Tilly. Er hält dir eine große Kanne Wein entgegen. Du sollst sie auf seinen Wunsch in einem Zug leeren, bevor er dich weiterläßt.

Du wagst den Meistertrunk, dann zu **45**
Du lehnst diese sinnlose Sauferei ab, dann begibt dich zu **331**

4 Ein tennisballgroßes Hagelkorn trifft dich am Kopf, daß du vor den Augen Sterne siehst. Als du wieder klar bist, stehst du auf einmal auf dem Münchner Oktoberfest. Du überlegst, wo sich hier ein Wolpertinger versteckt haben könnte.
Du vermutest, in der Geisterbahn und willst mit ihr fahren. Du spazierst dorthin **96**
Du willst nicht in die Geisterbahn und gehst deshalb zu einem Trachtler, der auf einem langen Alphorn bläst **39**

5 Der Förster vom Silberwald bringt dich auf einen Waldweg und zeigt dir, in welcher Richtung du gefahrlos weiterwandern kannst. Du bedankst dich und marschierst zu **88**

6 Du bist jetzt im Sauwald. Da hörst du ein drohendes Grunzen, das schnell auf dich zukommt. Ist es ein Wolpertinger? Zu **213**

7 Während du ratlos im Kreis läufst, vertritt dir das Pestmanndl den Weg. Es will dich mit seinen Pestbeulen anstecken. Kannst du es dir mit dem Fangspaten vom Leib halten?
Pestmanndl: Irxnschmalz 6 – Grips 5
Wenn du merkst, daß es schlecht um dich steht, kannst du auch Fersengeld geben. Zieh dir 2 Gripspunkte ab und lauf zu **188**
Vertreibst du das Pestmanndl, dann geh zu . **272**

8 Es gelingt dir, den Räuber Kneißl von deiner Arglosigkeit zu überzeugen. Er läßt dich laufen. Du kommst auf deinem Weg zu einer Stelle, wo drei schwarze Mönche auf dich zu warten scheinen. Einer hält dir ein schwarzes Buch entgegen. Du nimmst es. Da beginnt es rot aufzuglühen.
Du wirfst es erschrocken weg 33
Du hältst das Buch tapfer in deinen Händen . 321

9 Nun bist du aber wirklich ausgeruht. Du erhebst dich und marschierst darauf los. Und da ist es passiert, du hast einen Sonnenstich. Da siehst du Trugbilder. Das Münchner Hofbräuhaus erhebt
sich wenige Meter vor dir 76

10 In der Ferne siehst du ein Schild und eine Schranke. Du willst wissen, was das ist und gehst
zu 365
Du schlägst einen Seitenweg ein und wanderst zu 249

11 Ein Tatzlwurm zieht stampfend an dir vorüber. Er hat 255 Panzerplatten. Merk dir diese Zahl. Da entdeckt er dich und wendet sich dir zu. Willst du dich mit ihm auf eine Rauferei einlassen, dann
mach es bei 160
Du rennst davon und hörst einen Lärm, der von etwas anderem kommt 363
Du tauchst im Gebüsch unter und willst hernach weiter den Spuren folgen 255

12 Mit langen Sprüngen holt dich der lange Lulatsch ein und wirft dich grob zu Boden. Schon schwingt er seine Peitsche und schlägt zu **281**

13 Du hörst ein dumpfes Grollen und siehst eine Rauchwolke zum Himmel schießen. Sie bildet die Zahl 116. Merke sie dir. Das Grollen und die Rauchwolke verheißen nichts Gutes **160**

14 Nach der Brotzeit fährt ein Holzknecht auf seinem Bulldog (Traktor) vorbei. Er nimmt dich ein schönes Stück mit. Du sparst dir Kraft und darfst dir einen Irxnschmalzpunkt und einen Maßlpunkt gutschreiben **366**

15 Als König Watzmann dich sieht, brüllt er vor Lachen und gibt seinem Pferd die Sporen. Er will dich über den Haufen reiten. Du ziehst deinen Fangspaten und willst den Herrscher vom Pferd schlagen. Ob dir das gelingt? König Watzmann: Irxnschmalz 7 – Grips 6
Wenn du den König in Grund und Boden gestampft hast, dann zu **49**
Verfehlst du das Pferd und den König zu oft, dann fliehe nach Abzug von 2 Gripspunkten zu . . **268**

16 Die 13 wilden Männle von Oberstdorf schwingen ihre Keulen gegen dich. Mit tanzenden Sprüngen poltern sie auf dich zu.

Du denkst dir: Nichts wie weg! Zieh dir 2 Gripspunkte ab und geh zu der Hütte, vor der ein Einsiedler hockt **379**

Du willst dich gegen die wilden Männle zur Wehr setzen **143**

Aus dem Gebüsch bricht eine andere Bestie hervor. Ein wildes Männle schlägt mit der Keule nach ihr. Die anderen Männle fliehen **326**

17 Plötzlich treten auf dich die bciden Witzbolde Karä und Luggä zu. Sie wollen dir ihren neuesten Witz erzählen.

Du lehnst dankend ab und drehst dich um .. **260**

Du bittest sie, Platz zu nehmen und zu erzählen **347**

18 Die Haberngeiß stürzt sich aus der Luft mit ihren Krallen auf dich herab. Mit dem Fangspaten wehrst du sie ab. Ein neuer Angriff der Haberngeiß erfolgt. Wer wird gewinnen?

Haberngeiß: Irxnschmalz 6 – Grips 4

Wenn du der Haberngeiß den Garaus gemacht hast, zu **316**

19 Josef Filser stürzt sich fluchend auf dich. Die Rauferei beginnt. Ihr beide kugelt euch wie zwei Schulbuben am Boden.

Josef Filser: Irxnschmalz 5 – Grips 5

Wenn du ihn unterkriegst, dann zu **375**

Wenn du während der Rauferei lieber abhauen willst, zieh dir einen Gripspunkt ab und renn bergauf zu 290

20 Du willst zur Bude hinaus. Du hast aber nicht damit gerechnet, daß der geköpfte Schichtl lebendig bleibt. Sein Kopf ist nicht ab. Würfle!
Wenn du weniger als drei oder genau drei Augen erzielst, verspürst du einen gewaltigen Schlag auf deinen Kopf. Dir schwinden die Sinne. 338
Wenn du mehr als drei würfelst, hörst du den wieder auferstandenen Schichtl gerade noch rechtzeitig und kannst ihm davonrennen. 292

21 In der Dunkelheit sind plötzlich Nebelschleier um dich herum. Es sind die Geister von Burgjungfrauen, von denen es in Bayern viele gibt. Immer enger umkreisen sie dich. Du bekommst Atemnot, spürst aber, daß du von ihnen hochgehoben und fortgetragen wirst. Sie setzen dich vor einem uniformierten Mann ab. 3

22 Stampfende Schritte kommen auf dich zu. Du weißt nicht, was das bedeuten soll. Wagst du es weiterzugehen, dann zu 325
Gehst du lieber eilig zur Weggabelung zurück, zu 228

23 Zwar greift das „Wilde Gjoad“ noch einmal an, aber seine Kraft ist durch einen Watzmanndolch gebrochen. Schreibe dir einen Maßlpunkt gut.

Du kannst schnell weiterhetzen zu 359
Du läufst lieber rückwärts, um die wilde Horde im Auge zu behalten, dann zu 134

24 Du hast viele Pilze gefunden. Du setzt dich auf eine Lichtung und röstest sie dir, wobei du deinen Fangspaten als Pfanne benützt. Die herrlichen Schwammerl schmecken ausgezeichnet. Auf einmal bekommst du wahnsinniges Bauchweh. Um Himmels willen! War ein giftiger Pilz dabei? Würfle!
Ist deine Zahl 3 oder kleiner, war kein giftiger Pilz dabei. Du wanderst zu 89
Ist die Zahl 4, 5 oder 6, war ein giftiger Pilz darunter. 339

25 Die Haberfeldtreiber aber haben dich schon entdeckt. Du trittst ihnen entgegen und rufst laut:

Ein Jäger auf Wolpertinger-Jagd,
der wird von Haberern nie geplagt!

Da verstummen die vermummten Gestalten, machen einen großen Bogen um dich und verschwinden in der Dunkelheit 370

26 Der Gamsbart ist wunderschön. Sobald du ihn in die Hand nimmst, wirst du unsichtbar. Er kann dir gute Dienste leisten, wenn du dich nicht sehen lassen willst. Du darfst ihn aber nur nehmen, wenn du noch kein Geschenk vom Franzl Lang hast. Dann bekommst du auch gleich noch einen Irxnschmalz- und einen Maßlpunkt dafür. Außerdem darfst du mit Sondererlaubnis deine Irxnschmalzpunkte vom Anfang der Fährtensuche um zwei erhöhen. Da schaust du, was? – Pech für dich, wenn du ein anderes Geschenk genommen hast.

. . . . 318

27 Die Schönheitskönigin von Schneizlreuth ist begeistert von deiner Kraft. Sie schenkt dir zwei König-Ludwig-Taler und läßt dich deiner Wege ziehn. Du darfst dir einen Irxnschmalzpunkt gutschreiben und einen Maßlpunkt und dann weiterwandern zu 350

28 Mit einem Karacho von 100 Stundenkilometern donnerst du auf einer Sprungschanze herab. Das wird dir jetzt doch zu mulmig. Du verlierst zwei Gripspunkte. Drück schnell die Augen zu und wünsch dir den schwarzen Rausch 374

29 Du fragst den Bauern, ob er etwas von Wolpertingern weiß. Der Bauer schaut dich lange an und sagt dann: „In der Gegend von Minga (München), sagt ma, solls welche geben. Wer dort sucht, der werd de Wolpertinger erleben.“

Du glaubst dem Bauern und fragst ihn, ob er noch was wisse. 66

Du glaubst dem Bauern nicht und sagst ihm das auch, um die Wahrheit aus ihm herauszulocken

. . . . 266

30 Kaum hast du etwas von dem Wolpertingerbißkraut geschluckt, geht es dir schlagartig besser. Du hast Grips gezeigt und bekommst zwei Grips-punkte. Du steuerst auf einen Wald zu **89**

31 Als du die Augen wieder aufmachst, ist der ganze Spuk tatsächlich verschwunden. Es muß ein böser Traum oder eine Halluzination gewesen sein. Vielleicht brauchst du auch nur einfach etwas zu essen. Wenn du Lust hast, kannst du Brotzeit machen. Dann gehst du weiter. In der Ferne siehst du ein eigenartiges Podest. **123**

32 Der Sauschlachter hat deinen Griff in die Tasche bemerkt. Er bremst scharf. Er steigt ab, du ebenfalls. Langsam kommt er auf dich zu.
Du reißt deinen Fangspaten heraus, um dich zur Wehr zu setzen. **319**
Du entschuldigst dich und erklärst, daß du aus Versehen in seine Tasche gerutscht bist. Der Schlachter läßt dich wieder aufsteigen. Du versuchst nun abermals, ihm den Hirschfänger zu entwenden. **146**

33 Es gibt einen lauten Knall. Die drei schwarzen Mönche sind verschwunden. Statt des schwarzen Buches hältst du eine Briefmarke in Händen, den wertvollen „Schwarzen Einser“ aus Bayern. Du packst ihn vorsichtig in deinen Sack und gehst weiter. Schon bald stehst du im **95**

34 Als dich der Schmied von Kochel erblickt, schwingt er lässig seine Keule hin und her und kommt mit strengem Blick auf dich zu.
Willst du vor dem schwerfälligen Mann davonrennen, dann aber schnell **135**
Traust du dich weiter auf ihn zuzugehen, dann nur zu **360**

35 Auf einem Pferd galoppiert dir der bayerische Faschingskaiser Bo-da-Wa-schi entgegen. Er sagt dir, daß er weiß, wo der Wolpertinger steckt und will dich zu ihm bringen.
Du springst hinter ihm auf das Pferd, weil du dir den Ort zeigen lassen willst. **262**
Du glaubst, es handelt sich um einen Faschingsscherz. **352**

36 Nach einigen Stunden wagst du es, weiterzuwandern. Du kommst an einen Kreuzweg, an dem ein schönes Feldkreuz steht.
Gehst du geradeaus zu **365**
oder rechts zu **10**
oder wählst du den linken Weg zu **276**

37 Endlich hast du es geschafft. Für deine schwierige Rettungsarbeit bekommst du einen Irxnschmalzpunkt und einen Maßlpunkt zur Belohnung. Die Zwidawurzn ist mit der Säuberung ihrer stinkenden Kleidung beschäftigt. Da machst du dich leise aus dem Staub und kommst zu **65**

38 Im Gebüsch regt sich etwas. Dein Gamsbart macht dich unsichtbar. Du gehst langsam auf das Gebüsch zu. Aufgeregt versuchst du den Wolpertinger zu erspähen. Näher und näher kommst du. Da spritzt dir auf einmal eine Flüssigkeit ins Gesicht. Ihr Gestank ist so fürchterlich, daß du ohnmächtig wirst. Du verlierst einen Irxnschmalzpunkt und einen Gripspunkt. Du erwachst in einem wunderschönen Saal 395

39 Der Alphornbläser, der auf einem Felsvorsprung steht, verspricht dir ein wunderschönes Lied zu blasen, so laut wie du es noch nie gehört hast.
Der drohende Lärm macht dir Angst. Du saust davon, so schnell du weg kannst 354
Du willst dich hinter einem Baum verstecken, als der Alphornbläser zu blasen beginnt. 264
Du glaubst, die Lautstärke aushalten zu können 180

40 Es sind so viele gespenstische Wesen, die durch die Luft daherbrausen, daß es für dich aussichtslos erscheint, dich zur Wehr zu setzten. Trotzdem nimmst du deinen Fangspaten, um dich zu verteidigen. 309

41 Bald wirst du die Grenze des Grünwalder Forstes erreicht haben. Du kannst Brotzeit machen. Du genießt das Schweigen im Walde. Wo willst du weitergehen?

In Richtung Deisenhofener Forst **256**
oder in Richtung Wolfratshausen **112**

42 Du knackst mit deinem Fuß um. Hinkend gehst du weiter. Du verlierst einen Gripspunkt, weil du nicht auf den Weg geachtet hast.
Wanderst du jetzt lieber auf weichem Moosboden, dann zu **353**
Marschierst du trotzdem auf dem harten Schotterweg weiter, dann zu **51**

Der Alpenwolpertinger, auch Alpertinger genannt

43 Du bist von der Rauferei noch ganz schlapp. Du hast eine Brotzeit verdient. Dann verlasse diese unangenehme Gegend und geh zu **398**

44 Das Spiel auf der Maultrommel mildert deine Beschwerden. Nach einer Stunde bist du wieder so weit hergestellt, daß du deinen Weg fortsetzen kannst. In der Nähe liegt ein Wald. Auf ihn hältst du zu **89**

45 Schaffst du es, den Krug Wein in einem Zug zu leeren? Hast du Maßl? Entscheide es mit dem Würfel!
Wenn es dir glückt, ohne einmal abzusetzen, den Wein zu trinken, dann zu **205**
Schaffst du es nicht, dann verlierst du einen Maßlpunkt und einen Irxnschmalzpunkt. Du setzt den Krug energisch ab **331**

46 Du hast nur ein Ziel, den Fluß Inn zu überqueren. Wenn du ein Auge bis drei Augen würfelst, dann schaffst du es mühelos und kletterst bald schon ans andere Ufer. **157**
Hast du kein Würfelglück, dann könnte es einige Probleme geben. **297**

47 Mit großem Fleiß hast du dich aus der Fanggrube geschaufelt. Du bist geschwächt und kannst eine Brotzeit machen.
Danach möchtest du dir den Steigerwald noch genauer ansehen.

Geh weiter zu **390**
Du hast langsam die Nase voll und willst nichts als raus aus dem Steigerwald. **59**

48 Auf einer Lichtung steht ein Goaßlschnoiza, also ein Bauernknecht, der mit seiner Peitsche knallt. Du gehst auf ihn zu, ohne daß er dich sieht. Du bist ihm schon ganz nah. Da trifft dich unvermutet die Goaßl am Kopf, daß du besinnungslos zusammenbrichst und zu Boden stürzt; nach **121**

49 Zerschmettert liegt Watzmann am Boden. Sein Gefolge flieht. Du schaust in die Taschen des Scheusals und entdeckst einen brillantenbesetzten Dolch, auf dem „3+3+3" eingraviert ist. Zähle die drei Ziffern zusammen. Das Ergebnis kannst du dir notieren. Wenn du willst, kannst du auch den Dolch mitnehmen. Dann verläßt du den König, der sich bereits zu versteinern beginnt und sich als Watzmanngebirge zur Strafe hoch auftürmen wird. **268**

50 Da erzählt dir der Luggä auch einen Witz: „Der Meister fährt den Lehrling an: ‚Du Bürscherl, bei der Arbeit werd fei net graucht!' Raunzt der Lehrling zurück: ‚Warum? Haben Sie mich arbeiten gesehn?'" Du mußt so herzlich lachen, daß dir die Tränen kommen. Tränenblind wischt du dir sorgfältig die Augen aus. **286**

51 Du bist auf der Frankenhöhe angekommen. Du triffst auf fünf Schäfer, die ein großer Schafhammel vor sich hertreibt. Du fragst sie nach Wolpertingern. Jeder Schäfer zeigt in eine andere Richtung. Wem folgst du?

Der erste zeigt nach Norden **390**

Der zweite zeigt nach Osten **361**

Der dritte zeigt nach Süden **353**

Der vierte zeigt nach Westen **233**

Der letzte zeigt nach oben **290**

52 Der Baumast hat dich am Arm getroffen. Hast du Maßl? Würfle!

Wenn es klappt, bist du nur leicht verletzt. Die Wunde wird bald heilen. Du kannst weiter zu . **154**

Hast du kein Maßl, mußt du dir einen Gripspunkt abziehen. Stark blutend wankst du vorwärts zu **299**

53 Du kehrst ins Donauried zurück. Du triffst (abermals) einen Donaudampfschiffahrtsgesellschaftskapitän. Er lädt dich zu sich nach Hause ein. Er zeigt dir seinen Weiher mit riesigen Seerosen. Darüber führt eine baufällige Holzbrücke ohne Geländer.

Wüfelst du 1 bis 3, heißt das, daß du die Brücke nicht betrittst. Du verläßt den Kapitän nach einem Haferl Kaffee in Richtung **307**

Würfelst du 4 bis 6 Augen, betrittst du die baufällige Holzbrücke, weil du dir die Seerosen näher anschauen willst 178

54 Hast du Maßl? Würfle und du wirst sehen, ob du dich auf dem Tretboot halten kannst und zum anderen Ufer kommst, wo du trocken weitermarschierst zu 6
Hast du kein Maßl, wirft dich der Riesenwaller ins Wasser. Zieh einen Maßlpunkt ab und versuche ans andere Ufer zu schwimmen. 165

55 Das Floß fährt rasend schnell isarabwärts in Richtung Deggendorf. Du wunderst dich, daß dies das Floß kann. Bei Deggendorf steigst du aus und bedankst dich bei den Flößern. Dann marschierst du in Richtung Passau weiter. 398

56 Der Gangerl, der wilde Teufel, erblickt dich und kommt sofort mit lautem Gekreisch auf dich zugesprungen. Als du nach rechts siehst, bemerkst du eine Staubwolke, die von einer Reiterschar aufgewirbelt wird. Ihr Anführer ist ein verwegen dreinblickender Recke. Du hast die Wahl.
Läufst du der Reiterschar und ihrem Anführer entgegen, dann zu 15
Willst du dir aus einem Versteck die Reiterschar erst genauer ansehen. 1
Traust du dich auf den Gangerl zu warten, der mit weiten Sprüngen immer näher kommt. 118

57 Du bist kräftig marschiert und hast Hunger. Als du am Gasthaus „Zum Alpenkönig“ vorbeikommst, winkt dir der Wirt zu, doch in seinen Biergarten zu kommen. Du darfst jetzt eine Pause einlegen und dich über ein Brotzeitpaket hermachen, wenn du willst.
Hinter dir ertönt plötzlich ein dumpfer Gesang.
Du drehst dich um. 16
Springst du aber lieber auf, ohne dich umzudrehen, dann 366

58 Da packt dich ein gewaltiger Luftsog. Du wirst so rasend schnell weggesaugt, daß du vor lauter Schreck fast deinen Fangspaten verlierst. Zum Glück passiert es nicht. Du mußt aber dafür einen Maßlpunkt opfern. Du setzt zur Landung an 149

59 Du merkst nicht, daß du im Kreis gehst. Du schaust nicht, wohin du trittst. Plumps, da liegst du schon wieder in der Fanggrube. Das kostet dich einen Gripspunkt. Jetzt geht die Schufterei wieder von vorne los. 47

60 Du hast dich für den weißen Rausch entschieden. Plötzlich hast du ein Paar Ski an den Füßen und rast auf einer verschneiten Piste talabwärts.
Bist du begeisterter Skifahrer, dann fahr zu 28

Wenn du nicht Skifahren willst, drück die Augen zu und wünsch dir den schwarzen Rausch. . 374

61 Der Förster vom Silberwald kommt dir entgegen. Er macht dich darauf aufmerksam, daß du gerade im Begriff bist, eine Grenze zu verletzen. Du entschuldigst dich und gehst mit dem Jäger zurück. **5**
Du erklärst, daß du die Grenze nicht übertreten wirst, sondern nur an ihr entlanggehen willst. **88**

62 Der kühlende Schatten ist erfrischend. Du verschnaufst dich und darfst essen und trinken.
Du kannst nach wenigen Minuten weitergehen, weil du glaubst, die Zeit drängt. **280**
Du ruhst noch länger aus, da die Hitze jetzt am größten ist. **9**

Du liegst schwerverletzt am Boden. Das gelbäugige Wesen ist jetzt dicht vor deinen Augen. Du erkennst noch den gefährlichen Spratzlwurgl-Wolpertinger, bevor dir die Sinne schwinden. Ein stechender Schmerz am Hals ist das letzte, was du spürst. Deine Wolpertingerjagd hat leider ein unglückliches Ende gefunden! .... **Ende**
Eine Rettung gibt es noch! Besitzt du den magischen Ziegenbart der Haberngoaß, dann bringt er dich zu Station 229 zurück. Versuche dort, was dir möglich ist.

Der Speichel und das
Bauchfett des Wolpertingers
sind Wundermittel.

Wolpertinger haben sehr
leicht Heimweh...,

... sind aber
Glücksbringer in
Haus und Heim.

64 Als du Papa Schichtl fragst, was er mit dir anstellen will, erklärt er dir, daß er dich für das Köpfen einer lebenden Person braucht. Du lachst. Da erkundigt er sich, warum du lachst. Wenn du als alter Oktoberfestbesucher das Geheimnis des Papa Schichtl kennst, dann läßt er dich gehen. (Sei aber ehrlich!) **292**
Kennst du es nicht, dann will es dir Papa Schichtl zeigen. Sei nicht feige und geh zu **371**

65 Du glaubst, daß du in Sicherheit bist, da bricht krachend etwas Weißes aus dem Gebüsch.
Wenn du dem aus dem Weg gehen willst, dann versuche dich hinter einem dicken Baumstamm zu verstecken. **103**
Wenn du dich nicht vor dem Wesen fürchtest, dann schreite langsam darauf zu. **98**

66 Der Bauer lächelt wissend und verrät dir: „Beim Kreißlfanga, schreib dir des hinter die Ohrn, hat scho mancher sein Verstand verlorn." Du hältst diesen Hinweis für nicht besonders ergiebig.
Deshalb verläßt du den Bauern. Du kommst gut voran. Ein eigenartiges Geräusch schreckt dich auf. **176**
Du bleibst beim Bauern, um ihn noch mehr auszuhorchen. **266**

67 Du brüllst so laut wie du kannst. Die Haberngeiß hält in ihrem Sturzflug inne, macht kehrt und fliegt erschrocken davon. Da hast du aber Maßl gehabt. Ein Maßlpunkt gehört dir. 302

68 In der Ferne siehst du einen kleinen See liegen. Du gehst auf ihn zu, um dich an seinem Ufer umzusehen. 243

69 Kaum hast du den Enzian, das Edelweiß und den Almenrausch gepflückt, erscheint der Förster vom Silberwald und macht dich auf dein schändliches Tun aufmerksam. Als Strafe mußt du alle Silbertaler und Ludwigstaler hergeben, die du besitzt. Außerdem schickt dich der Förster zu dem Besitzer der Wiese. Er ist ein Bauer. Ihm sollst du deine Schandtat gestehen. Bald stehst du vor dem Bauernhof, klopfst zitternd an und betrittst die Stube, aus der das wütende Gebell eines Hundes dringt 266

70 Vor dir hockt mutterseelenallein ein Zamperl auf dem Gehsteig. Als er dich sieht, knurrt er dich zähnefletschend an. Du mußt an ihm unbedingt vorbei. Hast du Maßl?
Wenn du Maßl hast, knurrt er dich nur böse an – und du kannst vorbeigehen zu 300
Geht es aber daneben, greift der Zamperl an . 247

71 Du öffnest die Schmaidose und schnupfst eine kräftige Prise in beide Nasenlöcher. Dein Hirn

wird frei, und du kannst einen Augenblick hellsehen. Hast du schon ein anderes Geschenk vom Roider Jackl darfst du die Schmaidose nicht behalten **318**

72 Du kommst hinter Neuötting am Inn an. Du willst über den Fluß, damit du nach Niederbayern gelangst. Aber du weißt noch nicht, wie du den Inn überqueren sollst und gehst nachdenklich zu **217**

73 Im selben Augenblick, als du den Fangspaten in Händen hältst, springt der Wolf auf dich los. Hast du Maßl, dann springt er beim ersten Mal vorbei, und du kannst dich auf den nächsten Angriff einstellen. **278**
Hast du jedoch kein Glück, reißt dir der Wolf im Sprung den Spaten aus den Händen. Du flüchtest allein in die Martinsklause. **117**

74 Das Kreuz vertreibt schließlich den „Bloudi Mo“. Stöhnend löst er sich in Rauch auf. Du bist ziemlich schlapp. Wenn du willst, kannst du ein Brotzeitpaket essen. An der Stelle, wo der „Bloudi Mo“ gestanden hatte, liegt ein Silbertaler. Du verstaust ihn in deinem Kartoffelsack. Als du das Silberstück hochhebst, entdeckst du am Boden die Ziffer 1. Sie ist in die Erde geritzt. Schreibe sie dreimal hintereinander auf. Vielleicht nützt sie dir.

Es ist eine Leuchtzahl. Außerdem darfst du dir 2 Maßlpunkte geben, weil du ein solches Maßl mit dem „Bloudi Mo“ hattest. Mach dich jetzt wieder auf den Weg. **92**

75 Du hörst auf einmal ein leises Plätschern. Du stutzt. Ist etwa hinter dem Getreidefeld ein Gewässer? Das mußt du erkunden und du gehst forsch weiter zu **243**

76 Du betrittst das Münchner Hofbräuhaus und setzt dich auf einen Stuhl. Du darfst eine Brotzeit verzehren, wenn du willst, und dich ausruhen. Da das Hofbräuhaus aber nur eine Halluzination ist, bringt dir niemand kühlendes Bier.
Wenn du 1 bis 3 würfelst, rufst du dennoch beharrlich nach der Bedienung. **344**
Würfelst du 4 bis 6, bleibst du still sitzen bei . . **17**

77 Unterwegs kommt in gestrecktem Galopp der bekannte Pferdehändler und Lohnkutscher Franz Xaver Krenkl in seiner Kutsche vorbei. Er schaut belustigt auf dich herunter, wie du dich mühsam zu Fuß weiterschleppst und ruft: „Wer ko, der ko!“ Du überlegst kurz, ob du dem Kutscher nachrufen sollst, er möge dich ein Stück mitnehmen.
Kurz entschlossen rufst du laut: „Halt!“ **158**

Du hältst lieber deinen Mund und verläßt dich auf dich selbst. 284

78 Du stehst im Freien und mußt dir einen Feigheitsgripspunkt abziehen. Es regnet sehr stark.
Willst du jetzt auf der Landstraße weiter, dann zu 136
Willst du lieber wieder ins Bauernhaus zurückgehen? 266

79 Du grüßt die drei Mönche. Da heben sie ihre Häupter. Aber du siehst in leere Kapuzen. Die drei bestehen nur aus dem schwarzen Gewand. Was tust du?
Du drehst dich um, weil du ihren Anblick nicht mehr erträgst. 128
Du fragst sie, ob sie wissen, wo der Wolpertinger haust. 122
Du gehst weiter und begegnest einer zwielichtigen Gestalt. 194
Du drückst vor Schreck die Augen zu. 33

80 Du siehst in der Ferne eine alte Hütte. Es ist die Martinsklause. Du gehst darauf zu. Davor sitzt ein alter Mann. Wahrscheinlich der Einsiedler. Du näherst dich ihm. 204

81 Du fährst auf dem Motorrad mit dem Schlachter. Der rast über die Straßen in Richtung Süden. Du

umklammerst ihn und rutschst mit der Hand versehentlich in die Tasche seiner Lederjacke. Du fühlst einen Hirschfänger. Du bekommst Angst, daß dir der Kerl was antun könnte.
Wenn es dir zu mulmig wird, dann gib dem Rennfahrer zu verstehen, daß du absteigen willst und eile zu **207**
Traust du dich, den Hirschfänger heimlich herauszuziehen? Hast du Maßl? Wenn ja, dann nichts wie zu **146**
Geht die Sache daneben, dann zu **32**

82 Der Lärm kommt näher, rascher als du laufen kannst. Es ist das „Wuide Gjoad", die „Wilde Jagd". Die Geister des Himmels toben in der Luft daher. Du kannst sie mit einem Schuhplattler besänftigen, wenn du diese Kunst beherrschst.
Würfelst du eine 5 oder 6, kannst du Schuhplattln und kommst ungeschoren zu **359**
Hast du kein Maßl, mutig zu **153**

83 Du hörst ein lautes Gebrüll. Vor dir steht ein Löwe. Er ist kein gewöhnlicher Löwe. Es ist der Bayerische Löwe, da seine Mähne weiß-blau gerautet ist. Traust du dem Wappentier und willst es streicheln, dann zu **203**
Du verneigst dich tief, um ihm deine Verehrung zu zeigen. **279**
Versuchst du ihn mit deinem Spaten zu vertreiben.
.... **376**

84 Vor dir steht der Gstanzlsänger Roider Jackl. Er fängt gleich ein Gstanzl zu singen an:

Du willst an Wolpertinger fanga,
da muaßt glei weitergeh,
weil Wolpertinger gibts nur
drunt am Königssee.

Danach ist er verschwunden. Du glaubst dem Roider Jackl nicht und gehst südlich weiter, wo Nebel aufzieht. **105**
Du glaubst dem Volkssänger und gehst südöstlich weiter. **372**
Du rufst nach dem Roider Jackl, weil du ihn noch was fragen willst. **317**
Du drehst an deinem Eisenring und wünschst dich schnell weg von hier. **58**

85 Plötzlich hörst du hinter dir im Wasser ein Schnaufen. Als du dich umdrehst, glaubst du einen Flupertinger, also einen Flußwolpertinger, zu erkennen. Plötzlich spürst du einen Biß in deinen Waden.
Du rufst den Schwan zu Hilfe. **258**
Du tauchst, um den Wolpertinger, falls es einer ist, zu fangen. **349**

86 Du läufst so schnell du kannst nach unten. Dabei stolperst du und stürzt 10 Stufen hinab. Würfle! Hast du 3 Augen oder weniger, hast du dich nicht schwer verletzt. Würfelst du mehr als drei Augen, hast du dir schwere Prellungen zugezogen und verlierst einen Irxnschmalzpunkt und einen Gripspunkt. Du humpelst langsam nach unten. Die Schmerzen lassen etwas nach. **261**

87 Endlich bist du aus der Geisterbahn heraus. Erleichtert schnaufst du auf. Du kommst auf der Wies'n an einem Bierzelt vorbei. Ein Preuße hält dir eine Flasche Schnaps entgegen. Auf den Schreck wäre ein Schluck sicher gut, denkst du, und greifst danach. **215**

Du läßt den Preußen mit seinem Schnaps stehen und gehst weiter zu **383**

88 Unglaublich schnell kommst du vorwärts. Jetzt betrittst du schon den Frankenwald. Bist du dem Wolpertinger auf der Spur? Im Gebüsch liegt ein Revolver. Nimmst du ihn mit? Am Boden bemerkst du eigenartige Tritte. Du folgst ihnen zu **285**

89 Im Ebersberger Forst ist es schön ruhig. Du schläfst etwas. Würfle! Soviel Augen wie du würfelst, soviel Irxnschmalzpunkte erhältst du, vorausgesetzt, du überschreitest die Punktzahl vom Anfang deiner Fährtensuche nicht. Als nächstes Ziel hast du Ostbayern im Auge. Ein weiter Weg steht dir bevor. **252**

90 Da holt Josef Filser aus und gibt dir eine Watschn, daß du 3 Meter weit fliegst. Du verlierst einen Irxnschmalzpunkt und, weil du ganz wirr im Kopf bist, auch einen Gripspunkt. Du kannst dich jetzt nach einer Entschuldigung bereit erklären, dem Filser beim Briefschreiben doch zu helfen. **130**
Du kannst dich aber auch zu einer Rauferei fertigmachen **19**

91 Vor dir siehst du einen Wald liegen. Du denkst dir, in diesem Wald könnten womöglich Wolpertinger sein und du machst dich zuversichtlich auf den Weg dorthin. **70**

92 Du findest dort trotz genauer Suche ebenfalls keine Wolpertinger-Spuren. Du hast inzwischen die Orientierung verloren.
Schau dich nach dem rechten Weg um bei ... **7**

93 Der Jägahansl reitet auf seinem Schimmel vor dir her. Wird er dich in die Irre führen, wie es so seine Art ist? Der Himmel ist blau. Ein leichter Wind geht. Es ist Föhn. Du bekommst Kopfschmerzen und bist ganz schlapp.
Bei einer Weggabelung entscheidest du dich für die rechte Abzweigung. **259**
Folgst du dem Jägahansl, der nach links zeigt, bevor er verschwindet? **328**

94 Du kommst zu einer kleinen Hütte. Es ist die Martinsklause. Ein Einsiedler sitzt vor ihr. Er schaut dir freundlich entgegen. Du willst dich mit ihm unterhalten und trittst auf ihn zu. . **204**

95 . . . im Oberpfälzer Wald. Bei Oberviechtach tritt dir plötzlich – du kennst ihn von Bildern her – Doktor Eisenbarth entgegen. Er singt: „Ich bin der Doktor Eisenbarth, widiwidiwittbumbum, kurier die Leut nach meiner Art, widiwidiwittbumbum . . ." Dabei kommt er mit einer großen Spritze auf dich zu. **373**

96 Du zahlst an der Kasse mit einem Gegenstand aus deinem Fangsack und setzt dich in einen Wagen. Die Fahrt in der Geisterbahn beginnt. Aber seltsam! Die Monster sind nicht aus Plastik und Pappmaché. Sie sind lebendig.
Wehrst du dich nicht gegen ihre Angriffe, weiter zu **333**
Holst du deinen Fangspaten heraus, um ihre Angriffe abzuwehren, weiter zu **246**
Springst du aus dem Wagen und läufst zur nahegelegenen Einfahrt zurück, dann zu **291**

97 Vor dir erheben sich gewaltige Berge. Du ahnst, daß die Alpen vor dir liegen. Zielstrebig gehst du dorthin, wo der Wildbach rauscht. **357**

98 Der weiße Keiler rennt auf dich zu und schleudert dich mit einem gewaltigen Stoß in die Höhe. Du hast keine Schmerzen und purzelst kilometerweit durch die Luft, bis du sanft im Bayerischen Wald landest. Nun weißt du, dir ist soeben ein Glückskeiler begegnet. Schreib dir einen Maßlpunkt gut und geh dankbar weiter zu . **382**

99 Da steht Josef Filser wütend auf, um es dir zu zeigen. Du kannst ihn jetzt noch mehr auslachen, dann zu **90**
Du kannst dich bei ihm entschuldigen, daß es nicht so bös gemeint war. **345**

100 Die wilden Männle laufen geschlagen in alle Himmelsrichtungen auseinander. Auf ihrer Flucht schrecken sie hungrige Wölfe auf. Einer stürzt sich sofort auf ein „Wildes Männle“, wird aber sofort von seinem Prügel getroffen. . . **326**

101 Während du weitergehst, hörst du auf einmal ein Rauschen in der Luft. Du blickst nach oben. Da fliegt auf dich die Haberngeiß zu. Dieser Gespenstervogel ist viermal so groß wie ein Adler, trägt aber einen Ziegenkopf. Du hältst dir die Ohren zu, daß du von ihrer höllischen, gräßlichen Stimme nicht taub wirst.
Du kannst schnell in einen alten Heustadel ren-

nen und dich dort bis morgen früh verstecken. 302
Du kannst mit deinem Fangspaten gegen den Gespenstervogel kämpfen. 18
Du kannst versuchen, ihn mit lautem Geschrei zu verscheuchen. 67

102 Du hörst plötzlich den geheimnisvollen Klang einer Maultrommel. Läßt du dich von ihrer Melodie anlocken, dann zu 251
Mißtraust du den dumpfen Tönen, dann versuche von ihnen zum Erdinger Moos fortzukommen. 358

103 Du wirst im selben Augenblick geblendet und stürzt, ohne sehen zu können, zu Boden. Erst nach einiger Zeit kannst du deine Umwelt wieder erkennen und wanderst zu 48

104 Du hörst den Schrei nochmals. Ein Gruseln läuft dir den Rücken hinunter. Schnell schaust du nach, welche Gegenstände du in deinem Fangsack hast.
Hast du den Gamstarnbart? 38
Besitzt du die Blaue Blume? 381
Findest du die Freifahrkarte? 367
Gehört dir das Bayernkartenspiel für Stiche? 193
Hast du nichts von all dem? 214

105 Der Nebel wird dichter. Da kommen mit großem Lärm Leute auf dich zu. Es sind die Haberfeldtreiber. Vermummt und mit geladenen Büchsen marschieren sie heran. Sie machen einen Höllenspektakel, und es könnte sein, daß sie böse Spottverse auf dich singen oder dich gar verprügeln wollen.

Du hast ein schlechtes Gewissen, weil du auf Wolpertinger-Jagd bist und versteckst dich schnell hinter einer dicken Eiche. **151**

Du hast keine Angst vor ihnen und trittst ihnen mutig entgegen. **125**

106 Ein Geräusch läßt dich aufblicken. Das Wesen mit dem leuchtenden Augenpaar knurrt und starrt dir aus dem Dunkel des Waldes wild entgegen.

Langsam gehst du darauf zu. **147**

Erschrocken weichst du zurück. **196**

107 Franz Graf von Pocci erzählt dir eine Geschichte vom Kasperl Larifari, wie er gegen die Raubritter gekämpft hat. Im selben Augenblick hörst du ein Gegröle: „Ja so sans, ja so sans, ja so sans, die alten Rittersleut . . ." Eine Horde von Grünwalder Raubrittern kommt auf dich zu. Mit denen ist nicht gut Kirschen essen. Aber wenn es der Kasperl Larifari mit ihnen aufgenommen hat, willst du es auch wagen. **184**

108 Kaum öffnest du die Türe zum Herzhäuserl, läutet eine Kuhglocke.

Wenn du das Häuschen nun doch nicht zu betreten wagst, mußt du dein Geschäft im Freien verrichten und kannst dann erleichtert weiterwandern. 119

Betrittst du mutig die Bedürfnisanstalt, dann zu 211

109 Die Isarfloßfahrtfreikarte berechtigt dich zur freien Überfahrt über alle Gewässer, über die du mußt. Das ist einen Maßlpluspunkt wert. Trag ihn dir ein. 318

Der Flugwolpertinger,
kurz Flupertinger

110 Als du die Zwidawurzn aus der Odelgrube gezogen hast, steht sie stinkend und tropfend vor Odel da. Sie glaubt, daß du an ihrem Mißgeschick schuld bist, hebt ihre Nudelrolle auf und will damit auf dich einschlagen. Du gehst sofort in Abwehrhaltung. **248**

111 Du trittst aus dem Wald heraus. Deine Augen und deine Ohren erfahren zwei wunderbare Eindrücke.
Wenn du den Augen vertraust, sieh nach bei **141**
Folgst du dem, was du hörst, dann geh zu . . **104**

112 Bei Wolfratshausen kannst du Brotzeit machen. Dabei überlegst du dir, ob du in Richtung Zugspitze gehen sollst **284**
oder besser in Richtung Bodensee. **77**

113 Nach einem Kilometer ist die Spur plötzlich verschwunden. Du gehst weiter, findest sie aber nicht mehr. Sie scheint sich in Luft aufgelöst zu haben. Enttäuscht setzt du deinen Weg fort, die Augen immer auf den Boden gerichtet. **358**

114 Als der Goaßlschnalzer am Boden liegt, schnaufst du erleichtert auf. Die Peitsche liegt abseits von ihm.
Wenn du sie mitnehmen willst, dann steck sie in

deinen Fangsack. Entferne vorher aber einen anderen Gegenstand und gehe zu 94
Du hörst in der Ferne ein Jodeln und willst nachsehen. 312
Du willst alles hinter dir lassen und in eine neue Richtung nach 329

115 Das Fingerhakeln mit dem Goggolori beginnt. Anschließend kommt es zum Armdrücken mit dem Wurzlsepp.
Goggolori: Irxnschmalz 4 – Grips 3
Wurzlsepp: Irxnschmalz 4 – Grips 4
Wer ist Sieger? Bist es du, dann weiter zu . 377
Hast du die Schnauze während der Kraftprobe voll, kannst du abhauen (vergiß aber nicht, 2 Gripspunkte bei dir abzuziehen). Geh zu . . 41

116 Du bist immer noch auf der Landstraße. In der Ferne liegt malerisch das Schloß Hubertus.
Möchtest du im Wald weiterwandern, dann zu 353
Du willst auf einem Feldweg deinen Marsch fortsetzen und wanderst mehrere Tage. 307

117 Es sind jetzt dreißig Wölfe aufgetaucht. Du bleibst in der Martinsklause, bis du deine ganze Brotzeit aufgebraucht, und nichts mehr zu trinken hast. Du kannst jetzt wählen, ob du in der Hütte verhungern und verdursten willst, oder ob du nach draußen gehst, wo du dich vergeblich gegen das Wolfsrudel wehren wirst. Deine Fährtensuche ist zu Ende. Versuche in deinem nächsten Leben, es besser zu machen. .... **Ende**

118 Der Gangerl, dieser verrückte Teufel, steht keuchend vor dir. Mit einem riesigen Sprung versucht er, dich umzureißen. Du setzt dich zur Wehr.
Gangerl: Irxnschmalz 5 – Grips 3
Wenn du dem Gangerl das Gruseln beigebracht hast und er jaulend zu seiner Gruppe zurückhopst, dann zu **268**

119 Nach ein paar Tagen kommst du im Steigerwald an. Du sinnierst nach, daß dir vielleicht im Frankenwald ein Wolpertinger durch die Lappen gegangen ist. Nachdenklich marschierst du zu
.... **196**

120 Die Drud kann als bayerische Hexe böse zu dir sein, aber auch gut. Du bist freundlich zu ihr und erzählst ihr von deiner Wolpertinger-Jagd. Du gibst ihr zu verstehen, daß dir ein kleiner Wink von ihr sicher gute Dienste erweisen würde. Da kichert die Drud und zeigt in eine Richtung.
Du folgst dieser Richtung lieber doch nicht und biegst rechts ab. **102**
Du vertraust der Drud und gehst mehrere Tage den gezeigten Weg weiter. **358**

121 Als du aus deiner Bewußlosigkeit erwachst, blickst du in das zornige Gesicht des Goaßlschnoizers. Er ist verärgert, daß du dich heimlich angeschlichen hast.

Du willst ihm erklären, wieso du das getan hast. 267

Du stehst auf und bist wütend, daß er dich getroffen hat und schon wieder nach dir schlägt. 281

Du erhebst dich und willst wortlos weggehen zu 12

122 Die drei schwarzen Mönche geben zuerst keine Antwort. Einer reicht dir schließlich sein schwarzes Buch.

Traust du dich, es in die Hand zu nehmen, dann zu 183

Nimmst du das Buch nicht, sondern gehst weiter, bis ein wildaussehender Mann deinen Weg kreuzt. 163

Du hörst plötzlich eine rauhe Stimme auf dich zukommen. Du begegnest dem 139

123 Auf einer Holzbühne steht eine riesige dicke Frau im Abendkleid mit einem Kränzchen auf ihrer Gretlfrisur und einer breiten Goldschärpe. Es ist die Schönheitskönigin von Schneizlreuth. Sie singt mit tiefer Stimme ein Loblied auf ihre Schönheit.

Du willst dir das Lied genauer anhören und gehst näher zu **137**
Du hast keine Zeit und gehst weiter zu **75**

124 Du hebst den Charivari auf. Der Trachtenschmuck besteht aus einer Silberkette an der folgende Anhänger befestigt sind: etliche Münzen, ein Kümmerer, ein Dachspinsel, ein Keilergrandl, ein Rehgoscherl, eine Adlerkralle, ein Hirschkäfer, ein Luchsohrwaschel, eine Sautafel, ein Marderzipferl. Auch ein kleiner Silberwolpertinger ist dabei. Der bringt dir Glück. Schreibe dir zwei Maßlpunkte gut. Steck dir den Trachtenschmuck ein. Du mußt aber dafür einen anderen Gegenstand aus deinem Fangsack herausnehmen und wegwerfen. **72**

125 Aber sie sehen dich in der Dunkelheit zuerst nicht. Du gehst ihnen weiter entgegen, weil du dich nicht vor ihnen fürchtest. **151**
Sie werden dir jetzt doch unheimlich, wie sie immer bedrohlicher auf dich zukommen und du versuchst dich zu verstecken. **25**

126 Der Fischer vom Königssee beherrscht Judo. Mit dem rechten Fuß schlägt er dir blitzschnell die Waffe aus der Hand.
Entschuldigst du dich jetzt und gibst ihm die Ludwig-Taler, dann zu **271**

Läßt du dich mit ihm auf eine Rauferei ein, dann zu 187

127 Du entdeckst nirgends auch nur die Spur eines Wolpertingers. Ein alter Bergsteiger erzählt dir, daß es hier gar keine Alpertinger mehr geben soll. Er rät dir nach Osten zu wandern. Du traust dem Mann nicht und gehst lieber westwärts weiter zu 209
Folgst du dem Rat des alten Bergsteigers, dann mach dich auf zu 57

128 Da gibt es einen lauten Knall und die drei sind verschwunden. Zieh dir einen Maßlpunkt ab. An dem Platz, wo sie gesessen sind, steht minutenlang ein grellweißer Lichtkreis. Du fühlst dich gezwungen, hinzuschauen. 103

129 Der Bayerische Löwe legt sich auf den Rücken und spielt mit dir. Ein paar Kratzer und einige Risse von seinen scharfen Zähnen bekommst du ab. Wieviel kleine Wunden es insgesamt sind, erfährst du, wenn du zweimal würfelst und die Augen zusammenzählst. Am Ende der Balgerei bekommst du soviele Silbertaler wie du gewürfelt hast. Dann läßt dich der Löwe knurrend weiter zu 279

130 Du verbesserst den Filserbrief und findest 82 Fehler. Dafür darfst du dir einen Gripspunkt gutschreiben. Dann schreibst du den Brief fertig, wie ihn dir Josef Filser diktiert. Zum Dank reicht er dir seine Schnapsflasche. Du gewinnst durch den Schluck 2 Irxnschmalzpunkte. Dann setzt du deine Fährtensuche fort zu **290**

131 Du nimmst das Bayerische Kartenspiel aus der Packung. Da verwandelt es sich in einen Degen und führt viele Stiche aus, als ob ein unsichtbarer Gegner da wäre. Du weißt sofort, das ist eine Wunderwaffe bei Raufereien. Mit ihr kannst du viele Stiche machen. **318**

132 Auf einmal dreht sich der Wildschütz um. Es ist Jennerwein. Er legt seine Büchse auf dich an. als er abdrückt, hörst du keinen Knall. Aber es ist so, als würde dich jemand nach rückwärts forttragen. Lachend winkt dir Jennerwein nach, bis du ihn nicht mehr sehen kannst. **51**

133 Die Bavaria dreht den Kopf langsam nach rechts und blickt in südliche Richtung. Dabei ließt du ihre Gedanken. „Versuche dorthin zu gelangen, dann wirst du Wolpertinger fangen." Du fragst die Bavaria, an welchem Ort im Süden die Wolpertinger leben. **201**
Du hältst das alles für die Attraktion eines Oktoberfestschaustellers. **324**

Der Wolpertinger, das heimliche Wappen- und Kron-Tier Bayerns, lebt, auch wenn das gewisse rückständige Kreise noch immer leugnen möchten.

Die Drehung des Kopfes erschreckt dich so, daß du eilig die Treppe hinabläufst. 86

134 Du stolperst und fällst hin. Das kostet dich einen Irxnschmalzpunkt. Bleib liegen und rühr dich jetzt nicht. 359

135 Du rennst und rennst, was deine Beine hergeben. Bald ist es totenstill um dich herum. Du gehst zügig zur Weggabelung zurück. Über dir strahlt ein weißblauer Himmel. 228

136 Auf der Landstraße kommst du gut vorwärts. Es begegnet dir weder Mensch noch Tier. Auf einem Marterl steht:

Ein Wolpertingerjäger,
der hier ging allein,
dem schlug an dieser Stell'
sein letztes Stündelein.

Du gehst trotzdem tapfer weiter. 353

137 Kaum erblickt dich die Schönheitskönigin von Schneizlreuth, hüpft sie von ihrem Podest und eilt auf dich zu. Sie glaubt, du bewunderst sie. Als sie bei dir ankommt, verlangt sie, daß du sie auf den Schultern herumträgst.
Du willst dich dieser Kraftprobe aussetzen, um die Schönheitskönigin nicht zu verletzen. . . 162

Du lehnst ab, mit der Begründung, du hättest nicht soviel Kraft und gehst rasch zu 350

138 In Schloß Linderhof findest du im Speisezimmer auf dem „Tischlein-deck-dich" in der Porzellanblumenschale zwischen den Blumen einen goldenen Zettel. Auf dem steht: Zähle die drei Leuchtzahlen zusammen, die du gefunden hast. Vom Ergebnis ziehe 1 ab. Dann weißt du, wo es weitergeht.

Wenn du keine drei Leuchtzahlen hast, ist dies das Ende deiner Wolpertinger-Jagd. Es sei denn, du hast dir drei andere Zahlen aufnotiert, die du bisher noch nicht gebraucht hast. Zähle sie zusammen und addiere zum Ergebnis 6. Jetzt mache bei dieser Zahl weiter. Was, das gelingt dir auch nicht?

Du fängst begreiflicherweise zu fluchen an und zertrümmerst in deiner Wut die herrliche Vase aus Meißner Porzellan. Du weißt, du mußt mit deiner Fährtensuche ganz von vorn anfangen.

.... **Ende**

139 Dem Räuber Kneißl erklärst du, daß du keine Waffen besitzt und tust so, als ob du es ihm auch zeigen willst. Im selben Augenblick, als du den Fangspaten aus dem Kartoffelsack ziehst, schlägst du mit ihm auch schon nach der Flinte des Räubers.

Schaffst du es, ihn zu entwaffenen?
Räuber Kneißl: Irxnschmalz 9 – Grips 8
Wenn du ihn schachmatt gesetzt hast, geh zu
.... 394

140 Im selben Augenblick stolpert die Zwidawurzn und stürzt schreiend in die Odelgrube. Das ist dir gerade recht. Du läufst weg und überläßt die keifende Alte ihrem Schicksal. 65
Du holst einen langen Ast, um die Frau aus ihrer mißlichen Lage zu retten. 110

141 Im Hintergrund siehst du Neuschwanstein liegen. Plötzlich steht vor dir der Hubertushirsch mit dem weißen Kreuz zwischen dem Geweih. Ein Wolpertinger ist das nicht. Du beugst deine Knie, da ist der Hirsch verschwunden. Du gehst in Richtung Schloß Neuschwanstein weiter.
.... 395

142 Kaum bist du in den See gestiegen und ein Stück hinausgeschwommen, versucht dich jemand an deinen Füßen in die Tiefe zu ziehen. Es ist ein weißblauer Wassermann, der es nicht gut mit dir meint, da du in sein Reich eingedrungen bist. Es bleibt dir nichts anderes übrig, als mit ihm zu raufen.
Wassermann: Irxnschmalz 6 – Grips 5
Wenn du den Wassermann überwältigst, schnell zu 43

Merkst du, daß er stärker ist als du, nimm schnell Reißaus ans Ufer. Dort zieh einen Gripspunkt Strafe ab, dann zu **398**

143 Du greifst dir den Fangspaten und gehst auf die 13 wilden Männle zu.
Wilde Männle: Irxnschmalz 12 – Grips 10
Wenn dir die wilden Gesellen unterliegen, dann darfst du zu **100**
Wenn du nach zwei Kampfrunden flüchten willst, zieh dir einen Gripspunkt ab und geh zu
.... **216**

144 Du hast den Marder mit einem Ast erschlagen. Noch zitternd schaust du den Ast an. Da entdeckst du auf ihm zwei eingeritzte Aufgaben. Das haben wohl zwei Schulkinder angestellt, denkst du und liest: 18:2 und 36:4. Schreibe die zwei Ergebnisse nebeneinander und notiere dir die Zahl. Es ist eine Leuchtzahl. Der Marder rührt sich wirklich nicht mehr. Da hast du Maßl gehabt. Du darfst einen Maßlpunkt dazuzählen. Weiter zum Forstenrieder Park treibt es dich.
.... **362**

145 Die Ratschkathl hält an und erzählt dir sofort alle Neuigkeiten, die sie weiß, und das ist nicht wenig. Zwei Stunden redet sie ohne Unterlaß auf dich ein. Das war dumm von dir, daß du sie

getroffen hast. Zieh dir einen Gripspunkt ab.
Endlich läßt sie dich weiterziehen zu **365**
Läufst du ihr mitten im Gespräch davon, dann lauf zu **10**

146 Am Kreuzlinger Forst hält der Schlachter und läßt dich absteigen. Er hat nicht gemerkt, daß du aus Angst seinen Hirschfänger geklaut hast. Er schaut dich scharf an, dann gibt er Gas und rast auf seinem Motorrad weiter. Du atmest auf. Da hast du aber Maßl gehabt. Du darfst dir einen Maßlpunkt gutschreiben.
Jetzt zu **207**

147 Das rotleuchtende Augenpaar weicht schneller und schneller vor dir zurück. Du beginnst ihm nachzusetzen. Zweige schlagen dir ins Gesicht. Plötzlich aber rast das Augenpaar auf dich zu. Es scheint, als habe das Wesen nur einen Anlauf genommen, um sich um so wuchtiger auf dich stürzen zu können. **229**

148 Es ist totenstill in der Geisterbahn. Auf einmal hörst du den tiefen Ton eines Alphorns, der immer lauter und lauter wird.
Du läßt dich davon nicht ablenken und siehst dich weiter um. **180**
Du siehst in der Ecke gelbleuchtende Augen und gehst darauf zu. **264**

Du läufst vor dem dröhnenden Ton auf und davon. 354

149 Schwupp! Du bist plötzlich in einer Gegend, die du nicht kennst. Der Morgen graut. Da siehst du im Nebel vor dir einen Wildschütz mit schwarz verschmiertem Gesicht und einem Jagdstutzen im Anschlag.

Du duckst dich und wartest, bis er im Nebel verschwunden ist. 221

Du robbst am Boden leise rückwärts davon. 272

Du folgst ihm heimlich. 132

150 Mit kräftigen Schwimmbewegungen näherst du dich dem anderen Ufer. Die Strömung wird stärker und stärker. Würfle! Hast du eine 3 oder 4, dann überwindest du die Strömung spielend und kommst zu 157

Hast du Würfelpech, reichen deine Kräfte gerade noch, ans Ausgangsufer zurückzukehren. . 217

Würfelst du eine 1 oder 6, dann schwimm weiter zu 85

151 Die Haberer entdecken dich nun doch. Ein paar fallen gleich über dich her. Du mußt gegen sie kämpfen. Haberer: Irxnschmalz 11 – Grips 8

Wenn du die Haberer in die Flucht schlägst, darfst du zu 370

152 Am Himmel ziehen sich gelbschwarze Wetterwolken zusammen. Du denkst: Ach wäre ich doch mit dem Floß mitgefahren, dann wäre ich vielleicht dem Wetter entkommen. Du beginnst zu rennen. **398**

153 Das Getöse nimmt an Lautstärke zu. Das Wilde Gjoad (= Jagd) besteht aus Hexen, Geistern, wilden Rössern, Raben und Wotan, dem Göttervater. Als die wilden Wesen dich entdecken, beschließen sie, mit dir einen bösen Schabernack zu treiben. **40**

154 Wieder zuckt ein greller Blitz auf. Staunend erblickst du vor dir die „Blaue Blume“ Du darfst sie pflücken, denn sie bringt dir großes Glück. Wenn du einmal bei deiner Fährtensuche vor einem plötzlichen sinnlosen Ende stehst, dann darfst du als Besitzer der Blume zur letzten Station, die sich verzweigte, zurückkehren und mußt nicht ganz von vorne beginnen.
Du trittst jetzt aus dem Wald und siehst ein Haus. Das Namensschild verrät dir, daß hier der Vogeljakob wohnt. **299**

155 In der Straßenbahn der Linie 8 kommt auf dich ein Kontrolleur zu. Er will deinen Fahrschein sehen. Du hast keinen gelöst und willst es mit Ausreden versuchen. Hast du Maßl?

Versuche es, wenn du Schwein hast, kannst du weiterfahren zu **342**

Wenn dir der Kontrolleur nicht glaubt, dann mußt du einen Maßlpunkt zahlen und an der nächsten Station aussteigen. **91**

156 Du folgst dem Satz: „Geben S' doch die Wolpertingerjagd auf!" Du glaubst nämlich: Wer nichts tut, erreicht oft das, was er will, ganz nebenbei. Du denkst also an gar nichts mehr und läufst einfach deiner Nase nach.

Du vernimmst plötzlich Waffengeklirr und willst sehen, was das ist. **3**

Du bist drei Stunden gegangen und hörst Äste knacken. **328**

157 Du stehst am Ufer, zu dem du wolltest. Da kracht es hinter dir. Ein riesiger Maibaum stürzt um und fällt gerade auf dich zu. Schnell springst du in den Fluß zurück. Das Wasser reißt dich davon und schwemmt dich ans andere Ufer hinüber, wo du wieder bei dem Fischer vom Königssee landest. **217**

158 Der Kutscher Krenkl bringt mit lautem „Brrr!" seine Pferde zum Stehen. Er lädt dich ein, aufzusteigen. Das tust du gern. Krenkl fährt wieder an und rasend schnell weiter. Da juckt dich das Fell, auch einmal Kutscher zu spielen.

Kurz entschlossen bittest du Krenkl darum
.... 364

Du hast Angst vor dem Tempo und willst lieber absteigen. Wird Krenkl anhalten? Hast du Maßl? Versuch es! Wenn du Maßl hast, dann zu .. 236

159 Du kommst auf ein freies Feld. Es regnet wieder. In der Ferne siehst du ein Bauernhaus. Du willst dich dort unterstellen. Lautes Hundegebell empfängt dich, als du nach dem Anklopfen die Stube betrittst. 266

160 Weiß du noch die Zahl, die du dir merken solltest? Hoffentlich! Du wirst durch einen riesigen Feuerstrahl erschreckt. Der Tatzlwurm, ein gefährlicher Drache, greift an. Jetzt geht's aber auf!

Tatzlwurm: Irxnschmalz 7 – Grips 5

Wenn du den Tatzlwurm zur Schnecke gemacht hast, wandere zu dem Wegschild weiter, dessen Nummer du dir – hoffentlich – gemerkt hast.
.... ?

Hast du sie dir nicht gemerkt, geh zur letzten Nummer zurück. .... ?

Weißt du diese auch nicht mehr, beginne von vorne. .... **Ende**

161 Du bist wieder allein auf dem Weg und kommst vor die Kampenwand. Du denkst an den Spruch: „Ich gang so gern auf d'Kampenwand, wenn i

mit meiner Wampen kannt." Würfelst du eine 3 oder 4, kommst du auf die Kampenwand zur Sennerin Zenzi, die aus dem sündigen Dorf stammt. Du hast von hier einen guten Ausblick.
Die Zenzi zeigt dir etwas. 68
Schaffst du die Kampenwand nicht, dann zu 22

162 Du bückst dich und die Schönheitskönigin setzt sich dir auf die Schultern. Du hebst den Dickwanst hoch. Schaffst du es, sie zu tragen?
Schönheitskönigin: Irxnschmalz 7 – Grips 8
Wenn du ihr Gewicht schaffst, dann zu ... 27
Wenn du unter ihrem Gewicht zusammenbrichst, dann zieh dir einen Gripspunkt zusätzlich ab und geh zu 350

163 Der Räuber Kneißl sagt dir, daß du augenblicklich verschwinden und dich nie wieder blicken lassen sollst.
Du folgst ihm und läufst davon. In weiter Ferne siehst du drei schwarze Punkte, auf die du zugehst. 128
Du tust so, als ob du ihm folgen willst. Aber als du dich umdrehst, schlägst du mit dem Kartoffelsack nach seiner Flinte. 235

164 Die Zwidawurzn fragt dich aufgebracht, was sie gegen ihren Kropf tun soll. Du erzählst ihr, daß

sie es mit einer Jodkur versuchen soll. Als sich die Zwidawurzn weiter mit dir unterhalten will, geht sie auf dich zu.

Du willst sie noch vor der offenen Odelgrube warnen. **140**

Du sagst ihr Lebewohl und gehst weiter. . . **65**

Du hältst die Annäherung der Zwidawurzn für einen erneuten Angriff und ziehst deinen Fangspaten. **248**

165 Du hoffst, daß dich der Riesenwaller nicht belästigt. Würfle! Hast du drei Augen oder weniger, treibt dich der Fisch zurück ans Ufer, von dem du gerade kommst, zu **217**

Würfelst du vier Augen oder mehr, dann gelangst du ans andere Ufer zu **157**

166 Als die Schäffler ihren Tanz beendet haben, springt ein Schäfflerhanswurst auf dich zu und verschmiert dir dein Gesicht mit Ruß.

Wenn du das für eine Gemeinheit hältst, dann gehst du zu einem Fluß, um dein Gesicht zu reinigen. **186**

Wenn du glaubst, daß dir der Ruß Glück bringt, dann gehe zu **358**

167 Dein Weg führt dich an einer Jahrmarktbude vorbei. Auf ihr steht: „Auf gehts beim Schichtl.“ Als du vor der Bude stehst, springt der Michael

August Schichtl hinter dem Vorhang hervor und schleppt dich mit ungeheueren Kräften ins Innere der Bude.

Du reißt dich los und willst dem Schichtl entkommen. **371**
Du versuchst mit dem Schichtl ins Gespräch zu kommen. **64**
Du schlägst um dich und kannst davonlaufen. **292**

168 Du stehst vor der Höhle. Es ist ein Wolpertingerbau. Du öffnest deinen Kartoffelsack. Vor ihm zündest du die Bienenwachskerze an. Eben willst du deinen Fangspaten ergreifen. Da springt ein

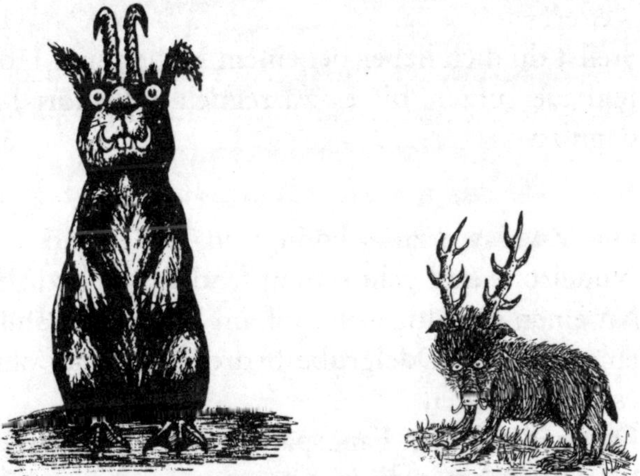

Wolpertinger sind aufmerksam, aber auch angriffslustig

Wesen blitzschnell aus der Höhle und beißt dich in die Hand. Der Wolpertingerbiß ist tödlich. Dir wird schwarz vor Augen. Da erinnerst du dich an das Bißkraut, das dir der Wurzlsepp gegeben hat, du legst es auf und bist bei **399**
Hast du das Kraut nicht bei dir, ist das dein .... **Ende**

169 Du bist zwar bescheiden, aber eine Stimme ertönt: „Bescheidenheit ist eine Zier, doch besser lebt man ohne ihr!" Du hast jetzt gar nichts. Dafür wird dir ein Gripspunkt abgezogen. . **318**

170 Du befindest dich auf dem Weg in die Hallertau. Da fängt es zu regnen an. Gehst du trotzdem weiter. **186**
Stellst du dich lieber bei einem Hallertauer Hopfenbauer unter, bis es zu regnen aufgehört hat, dann zu **336**

171 Die Zwidawurzn schwingt in der Hand eine Nudelrolle und geht schimpfend auf dich zu. Sie hat einen gewaltigen Kropf am Hals und kommt einer offenen Odelgrube bedrohlich nahe, ohne es zu bemerken.
Du packst deinen Fangspaten, um den Nudelrollenangriff abzuwehren. **248**
Du warnst die Frau vor einem Sturz in die Odel-

grube. 140
Du erklärst der Frau, daß du sie von ihrem Kropf heilen könntest 164

172 Als das „Wilde Gjoad“ von dir gebannt wird, verstummt es kurz, braust dann aber erneut auf dich zu.
Du hältst ihnen wieder den Dolch entgegen. Er blitzt auf. 23
Irritiert gehst du rückwärts zu 134
Du kannst dich auch verkriechen und warten, bis die Bande verschwindet. Das kostet dich einen Gripspunkt. 359

173 Du setzt dich auf den Boden. Da kommt ein „Wolpertinger“ zur Tür herein und begrüßt dich mit Handschlag. Er spricht mit dir über Bayern und über König Ludwig und ihr beide beschließt, Urlaub am Königssee zu machen. In einem großen Auto mit Blaulicht und Martinshorn tretet ihr eure Reise an. 197

174 Endlich kommst du aus dem Wald heraus. Du siehst vor dir ein Bauernhaus liegen. Es regnet. Wenn du dich dort unterstellen möchtest, geh darauf zu. Allerdings hörst du einen großen Hund wütend bellen.
Bleibst du lieber auf dem Weg am Waldesrand, dann geh zu 176

Betrittst du das Bauernhaus, wo sich ein Wachhund befindet? **266**

175 Auf der obersten Sprosse der Leiter siehst du durch das Fenster in ein dunkles Zimmer. Da hörst du unter dir am Fuß der Leiter einen Lärm. Wirst du erwischt?

Du kletterst rasch nach unten. Würfle! Bei 3 oder weniger Augen wirst du gesehen. **269**

Bei mehr als 3 Augen kannst du dich hinter einem Busch auf den Boden legen. Du fühlst etwas mit deinen Fingern. **374**

176 Du kannst jetzt dreierlei tun:

Du siehst einen Wegweiser und folgst ihm zu **51**

Willst du nach rechts ausweichen, dann zu . **390**

Möchtest du lieber nach links weiterwandern, dann zu **174**

177 Kaspar Hauser ist ein unheimlicher Geselle. Er spricht kein Wort. Mit Gesten macht er dir deutlich, daß du vom Wolpertinger noch weit entfernt bist. Plötzlich ist er verschwunden. Du bist beinahe froh, daß du wieder dir selbst überlassen bist. **161**

178 Platsch, du liegst schon (wieder) im Weiher. Sofort verstrickst du dich in den Seerosenstengeln. Der Kapitän eilt zum Rettungsring. Ein paar Seerosen – oh wie heimtückisch! – versuchen, dich in die Tiefe zu ziehen. Du wehrst dich verzweifelt.

Seerosen: Irxnschmalz 5 – Grips 3

Würfelst du eine 6, heißt das, daß der Kapitän dir gerade noch den Rettungsring zuwirft. Du bist gerettet. **53**

Wenn du stärker bist als die Seerosen **257**

179 Du hast kaum die Blume gepflückt, als der Förster vom Silberwald vor dir steht und dir eine Strafe aufbrummt. Du verlierst für:

Edelweiß	3 Gripspunkte
Almenrausch	2 Gripspunkte
Enzian	1 Gripspunkt

Als der Jäger weg ist, plückst du aus Wut jetzt alle drei Blumen. **69**

Verschämt gehst du auf der Landstraße weiter und kommst zu **328**

Du schämst dich so, daß du lieber in den dunklen Wald läufst. **21**

180 Das Dröhnen des Alphorns wird immer lauter. Du bekommst so starke Kopfschmerzen, daß du zwei Irxnschmalzpunkte verlierst. So schnell wie du kannst, läufst du von dem Lärm davon .. **354**

Du willst den Alphornbläser zum Schweigen bringen und stürzt auf ihn zu **264**

181 In der Zeitung steht am nächsten Tag: "Wolpertingerjäger stürzt sich nach Mißerfolg bei der Jagd in geistiger Umnachtung in die Pöllatschlucht." Es tut mir leid, daß deine Fährtensuche so enden muß. Aber du hast Maßl, du erwachst nach wenigen Tagen wieder zum Leben und darfst mit der Wolpertingersuche noch einmal beginnen. .... **Ende**

182 Du hältst die Pferde im Zaum und rufst Krenkl zu: „Wer ko, der ko!" Weil du ein so prachtvoller Kutscher bist, werden dir 1 Irxnschmalzpunkt und 2 Gripspunkte geschenkt. Notiere sie dir. Außerdem überreicht dir Krenkl einen Gegenstand, der in ein rotkariertes Sacktuch gewickelt ist.

Willst du wissen, was drin ist, dann zu **265**

Traust du Krenkl nicht und legst das Bündl auf die Seite, dann zu **236**

183 Du nimmst das schwarze Buch zur Hand. Da fängt das Buch zu glühen an. Noch spürst du keine Hitze.

Hältst du das Buch weiter in der Hand? Dann zu.. **321**

Wirfst du das Buch erschrocken weg, dann zu **33**

184 Du ziehst deinen Fangspaten und stellst dich den Grünwalder Raubrittern zum Kampf. Gröhlend stürzen sie auf dich zu. Es sind zum Glück nur zwei.

Raubritter: Irxnschmalz 7 – Grips 4

Wenn du aus den lebenden Blechkonserven Kleinholz gemacht hast, kannst du einem von ihnen sein Schwert abnehmen. Packe es ein! Herrje! Das Schwert paßt nicht in den Fangsack hinein. Du mußt jetzt einen anderen Gegenstand deiner Wahl daraus entfernen. Marschiere dann weiter zu **161**

185 Eine Stimme ertönt: Deine Zahl ist falsch. Du willst es zuerst nicht glauben. Aber bedauerlicherweise hat die Stimme recht. Du fängst wütend zu toben an und schlägst um dich. Sofort kommen Aufseher und überwältigen dich. Du wirst weggebracht zu **197**

186 Das Gebiet um die Donau ist dir nicht ganz geheuer. Wolpertinger scheint es hier auch nicht zu geben. Oder doch?

Wenn du weiter marschieren willst in Richtung Südwesten, dann zu **170**

Willst du noch hierbleiben und Spuren suchen, dann zu **307**

187 Du beherrschst ebenfalls Judo und es kommt zwischen dir und dem Fischer vom Königssee zu einer heftigen Rauferei.

Fischer: Irxnschmalz 7 – Grips 6
Wirst du ihn bezwingen? Dann geh zu **341**
Merkst du, daß er doch stärker ist als du, kannst du davonlaufen und auf einem Baumstamm über eine schmale Stelle des Flusses balancieren. **208**

188 Du kommst aus dem Hofoldinger Forst heraus. Da kennst du dich wieder aus. Du bist im Ebersberger Forst. Da duftet es nach Schwammerl. Hast du Lust, die großen und schönen Pilze zu sammeln, um dir frische Schwammerl zu rösten, dann zu **24**
Gehst du lieber weiter und läßt die herrlichen Schwammerl stehen, dann zu **89**

189 Der Friedensengel fliegt vor dir her. Von ferne hörst du eine fröhliche Musik. Du erkennst sofort, das sind die Schäffler. Sie führen ihren Schäfflertanz auf. Mit ihm haben sie zur Pestzeit die verängstigten Leute ermutigt.
Du nimmst dir Zeit und siehst dir den Schäfflertanz in ganzer Länge an. **166**
Du findest den Tanz zwar schön, wanderst aber rasch weiter und kommst in ein neues Gebiet. **358**

190 Du überlegst, was du jetzt tun wirst. Du willst den General Tilly freundlich stimmen und

schenkst ihm zuerst einmal einen Silbertaler oder einen anderen Gegenstand aus deinem Fangsack. Streich ihn weg.
Du verneigst dich vor ihm und gehst deines Weges. 307
Falls du das Bayernwappen besitzt, fragst du die Löwen im Bayernwappen um Rat. 391
Du sagst zu General Tilly, daß du versuchen wirst, den Weinkrug zu leeren. 45

191 Du überprüfst alle Gegenstände, die du bei dir hast. Und was ist, wenn dich ein Wolpertinger beißt? Sein Biß kann tödlich sein! Hast du auch ein Heilmittel dagegen bei dir? Mit wachsender Spannung näherst du dich Schritt für Schritt dem Loch im Boden. 168

192 Am nächsten Morgen fährst du mit dem Zug rasch nach München zurück. Während der Fahrt dorthin befallen dich Zweifel: Wenn ich in München bin, gehe ich ja im Kreis! Du steigst also aus und fährst mit dem nächsten Zug zum Chiemsee retour. 92
Du fährst lieber weiter nach München. Am Hauptbahnhof fällt dir ein, daß du noch im Hofoldinger Forst nachsehen könntest. 337

193 Du holst zu deiner Sicherung das Bayernkartenspiel aus der Hülle heraus. Es verwandelt sich

sofort in einen schützenden Degen, der von dir weg blitzschnell viele Stiche macht.
Als du auf einen Hügel kommst, bietet sich dir ein herrlicher Anblick, den du genießt. 141
Du läßt dich lieber nicht ablenken und schreitest weiter voran zu 104

194 Der Räuber Kneißl steht vor dir. Er glaubt, daß du ein bayerischer Wachtmeister in Zivil bist, der nach ihm sucht. Deshalb bedroht er dich mit seinem Stutzen.
Du willst ihn durch einen Überraschungsangriff entwaffnen. 139
Du erzählst ihm, daß du ihm alles geben willst, was du besitzt. 163
Du willst ihn überzeugen, daß du keine Person mit polizeilicher Gewalt bist. 8

195 Du verlierst auf der Flucht einen Irxnschmalzpunkt und einen Gripspunkt. Du hast Maßl gehabt, daß du nicht mit dem Bayerischen Löwen gerauft hast. Du darfst dir einen Maßlpunkt gutschreiben. Wenn du Lust hast, kannst du jetzt auch ein Brotzeitpaket verdrücken. Erholt gehst du zu 279

196 Plumps! Der Boden gibt unter dir nach. Du bist in eine Fanggrube gestürzt. Zum Glück bist du unverletzt. Notier dir einen Maßlpunkt auf. Du überlegst dir deine Rettung.

Willst du mit dem Wolpertingerfangspaten Stufen in die Grube graben, dann zu 47
Schreist du lieber um Hilfe, dann zu 294

197 Nach einer Untersuchung wirst du wegen geistiger Wolpertingerumnachtung in eine Nervenheilanstalt gebracht. Es ist dir zu raten, so schnell wie möglich ein normales Verhalten zu zeigen, damit du bald als geheilt entlassen wirst und dich erneut auf die Wolpertingerfährtensuche begeben kannst. Und glaube mir, wenn du es noch einmal versuchst, stehen deine Chancen bedeutend besser, daß du es schaffst. . . . . **Ende**

198 Liesl Karlstadt bringt dich zum Jagdmuseum in der Neuhauser Straße. Du betrittst die Vorhalle des Museums. Liesl Karlstadt ist verschwunden. Aber der Bär, der in der Vorhalle steht, wird plötzlich lebendig und stürzt mit erhobenen Pratzen auf dich zu. Du willst weglaufen, aber das Tor ist versperrt. Du mußt mit ihm raufen.
Bär: Irxnschmalz 8 – Grips 7
Wenn du den Bären mit deinem Fangspaten dappig geschlagen hast, verlasse das Jagdmuseum.
. . . . **282**

199 Du ahnst, daß deine Zahl nicht richtig ist und suchst verzweifelt in der Blumenvase nach einer weiteren Nachricht. Du brichst sogar eine Porzellanblume ab. Da wirst du von drei bayerischen Kreuzottern gebissen, den Beschützerinnen der Vase. Dir wird schwindlig und du mußt dich setzen. 386

200 Vor Schreck bleibt dir das Herz fast stehen. Du verlierst einen Irxnschmalz- und einen Gripspunkt. Natürlich ist dir nichts passiert. Papa Schichtl schnallt dich ab. Du bist unverletzt. Da hast du aber Maßl gehabt. Du bekommst einen Maßlpunkt und von Papa Schichtl eine Freikarte für die nächste Hinrichtung. Heb' sie dir auf und wandere dann zu 292

201 Die Bavaria gibt dir auch auf diese Frage Auskunft:

„Der Wolpertinger haust an einem Ort,
wo Ritter lebten einstens dort."

Du bist von dem Gehörten ganz durcheinander und läufst rasch die Treppe nach unten. . . . 86

202 Du nimmst einen langen Ast und hältst ihn der im Odel plantschenden Zwidawurzn entgegen. Die greift danach. Sie zieht an dem Ast. Da sie schwer ist, zerrt sie dich dabei immer näher an die Odelgrube. Dabei schreit sie dich böse an. Du wendest alle Kraft auf, um sie herauszuziehen. 37

Du läßt lieber los, um nicht ebenfalls in die Odelgrube zu stürzen und gehst weiter. . . . 65

203 Der Bayerische Löwe, dem du begegnest, läßt sich gerne von dir streicheln. Er hört zu brüllen auf und fragt dich, ob du mit ihm spielen willst.
Wenn du dich das traust, dann weiter zu . . 129
Wenn dir das doch zu gefährlich erscheint, dann zu 279
Wenn du den Löwen mit dem Spaten von dir wegschieben willst 376

204 Du sprichst den Alten an. Aber er scheint stumm zu sein. Du kannst versuchen, dich mit ihm durch Handzeichen zu verständigen, dann probier es bei 253
Wenn du eine Verständigung für aussichtslos hältst, dann nicke dem Alten freundlich zu und wandere weiter zu 379

205 Auf dich zu kommt mit ausgebreiteten Armen das Münchner Kindl. In der rechten Hand hält es den Stadtschlüssel, in der linken Hand das Bayernwappen. Es läßt dich zwischen beiden Gegenständen wählen.
Deutest du auf den Stadtschlüssel, dann zu . 283
Willst du lieber das Bayernwappen, dann gehe zu 340

206 Erschöpft wachst du auf. Du bist im Fichtelgebirge. Die Zauberspritze des Doktor Eisenbarth hat dich eine weite Strecke transportiert, ohne

daß du dich anstrengen mußtest. Du hast vielleicht ein Maßl. Schreibe dir 2 Maßlpunkte auf. Wenn du Hunger hast, dann darfst du jetzt auch ein Brotzeitpaket verschlingen. Da hörst du ein lautes Getöse.

Du stehst schleunigst auf und läufst weiter. . **82**

Du bleibst ruhig sitzen und willst in Ruhe fertigessen. **153**

207 Du betrittst bald den Kreuzlinger Forst. Da erblickst du einen Fuchs, der dich zutraulich anschaut. Das ist dir nicht geheuer. Hat der Fuchs Tollwut?

Willst du rasch in sicherem Abstand an ihm vorbeigehen, dann schnell zu **396**

Willst du lieber umkehren und zum Forstenrieder Park, dann zu **362**

208 Du balancierst auf dem Baumstamm. Du kommst gut vorwärts. Da siehst du, daß der Baumstamm viel zu kurz ist. Er überbrückt nicht den Inn. Das hätte dir eigentlich klar sein müssen.

Du verlierst einen Gripspunkt. Würfle!

Hast du 2 bis 5 Augen, dann springst du am Ende des Baumes in den Fluß und schwimmst mit kräftigen Stößen ans andere Ufer. **157**

Würfelst du eins oder sechs, dann rutscht du aus und stürzt unfreiwillig ins Wasser. **46**

209 Die Sonne brennt gnadenlos auf dich herunter. Bleibst du auf dem Weg, auf dem du gerade gehst, mußt du zu **224**
Gehst du lieber in einem schattigen Laubwald weiter, wende dich zu **356**

210 Du kannst das „Wilde Gjoad“ (= „Wilde Jagd“) nur mit dem Dolch des Königs Watzmann beeindrucken. Ohne seine Hilfe mußt du allein auf dich gestellt kämpfen.
Wildes Gjoad: Irxnschmalz 9 – Grips 9
Du hast den Watzmanndolch und schwächst dadurch das „Wilde Gjoad“ um 7 Irxnschmalzpunkte und 7 Gripspunkte und besiegst es dann leicht. **172**
Du besitzt den Dolch nicht und läufst davon. Du duckst dich in irgendeine Bodenmulde. Zieh dir einen Gripspunkt ab. **359**

211 Kaum bist du drinnen, wirst du mit einem unsanften Stoß, der wohl von einem Gehörn stammt, ins Freie befördert. Du stehst auf und ziehst dir einen Irxnschmalzpunkt ab.
Wenn du einen zweiten Anlauf nehmen willst, dann zu **368**
Erledigst du dein Geschäft im Freien, wanderst du weiter bei **119**

212 Du hörst, daß jemand deinen Namen laut und deutlich ruft. Aber du weißt plötzlich nicht mehr, aus welcher Richtung die Stimme kommt. Hast du Maßl? Würfle und schau, ob du Maßl hast.

Wenn ja, erkennst du die Richtung. Die Stimme kommt aus 35

Wenn du Pech hast, zieh dir einen Gripspunkt ab und geh einfach geradeaus weiter zu 313

213 Vor dir steht der riesige schneeweiße Keiler. Er verstummt und schaut dich lange an. Was tust du?

Du kannst schnell davonlaufen und auf einen Baum klettern.

2 Gripspunkte kostet dich das 270

Du ziehst deinen Hirschfänger, falls du einen hast. 103

Du bleibst ruhig stehen und starrst zurück. 98

214 Du hast keinen von den Gegenständen. Mutig gehst du dennoch auf den Ort zu, von dem der Schrei an dein Ohr drang. Du trittst aus dem Wald heraus.

Da siehst du vor dir etwas, was dir den Atem stocken läßt. 141

Du achtest nicht auf das, was du siehst, sondern gehst stur weiter zu 104

215 Der Schnaps tut dir gut. Du nimmst noch einen Schluck und sagst: „Nix is so heiß, wie die Liebe zwischen Bayer und Preiß." Dann gibst du die Flasche an den Preußen zurück. Deine Irxnschmalzpunkte wachsen um zwei an. Wenn du jetzt Hunger bekommen hast, setz dich ruhig an einen Tisch und mach' Brotzeit. Dann dränge dich weiter durch die Besuchermassen zu **383**

216 Die Wilden Männle haben durch ihren Lärm ein Wolfsrudel aufgeschreckt. Die Männle rennen schreiend davon. Du siehst in der Nähe eine Hütte stehen und flüchtest dich vor den Raubtieren dorthin. **117**

217 Es gibt mehrere Möglichkeiten, den Inn zu überqueren. Am Fluß sitzt der Fischer vom Königssee mit einem Kanu. Er macht hier Urlaub.
Wenn du ihn fragen willst, dann zu **2**
Willst du lieber über einen Baumstamm gehen, der an der schmalsten Stelle über dem Fluß liegt. **208**
Du könntest dir auch bei einem Bootsverleih ein Tretboot ausleihen, dann zu **385**
Du könntest auch versuchen zu schwimmen, dann zu **315**

218 Du bist etwas überreizt und abgespannt. Du willst über deine Wolpertingerfährtensuche, wie sie bisher verlaufen ist, gründlich nachdenken. Zu diesem Zweck besuchst du das Schloß Neuschwanstein, um Ruhe und Entspannung zu finden. 181

219 Da spürst du in deinem Rücken einen stechenden Schmerz. General Tilly hat dich soeben mit seinem Generalstab verletzt. Du verlierst einen Irxnschmalzpunkt, wenn du eine Zahl würfelst, die größer als drei ist. Ohne dich umzusehen, suchst du das Weite. 170

220 Was hast du dir ausgesucht? Was interessiert dich besonders?

Die Schmaidose 71
Das Bayern-Kartenspiel 131
Der Gamsbart 26
Die Isarfloßfahrtfreikarte 109
Nimmst du aus Bescheidenheit nichts? 169

221 Erleichtert stehst du auf und willst weitergehen. Da tupft dich jemand auf die Schulter. Erschrokken fährst du herum zu 84

222 Auf einmal schlägt krachend ein Blitz neben dir in einen Baum ein. Ein riesiger Ast stürzt herab. Hast du Maßl? Wenn du ihm nicht ausweichen kannst, dann zu 52
Kannst du noch rechtzeitig zur Seite springen, bekommst du einen Maßlpunkt und eilst zu

einem nahe gelegenen Haus. Dort wohnt der
. . . . **299**

223 Der Wolf fällt über den Einsiedler her und zerfleischt ihn, während du dich in seiner Hütte in Sicherheit gebracht hast. Auf einmal stürzt ein Rudel Wölfe aus dem Hinterhalt und beteiligt sich an dem grausigen Mahl. Aber sie sind noch nicht satt. Sie lauern im Gebüsch darauf, wann du herauskommst. **117**

224 Die Sonne macht dich ganz wirr im Kopf. Du siehst Bilder, die gar nicht existieren. Vor dir steht plötzlich das Münchner Hofbräuhaus. Dort gibt es kühles Bier zu trinken.
Folgst du dem Trugbild, dann geh zu **76**
Willst du dich lieber ein wenig im Schatten eines Baumes ausruhen, dann schlepp dich zu . . . **62**

225 Ihr spielt Watten und Schafkopfen miteinander. Wer gewinnt von euch beiden, willst du wissen? Würfel für den Muhackl und für dich, einmal fürs Watten und einmal fürs Schafkopfen. Wer die höhere Augenzahl hat, gewinnt. Für jedes der beiden Spiele wird dir, falls du der Verlierer bist, ein Maßlpunkt abgezogen. Du gehst weiter, kommst an einem Bauernhaus vorbei, klopfst an und betrittst die Stube, obwohl du ein Jaulen von drinnen hörst. **266**

226 Am Waldesrand siehst du plötzlich Josef Filser auf einem Baumstumpf sitzen. Er schreibt gerade einen Brief. Da er große Schwierigkeiten mit der Rechtschreibung hat, bittet er dich, ihm beim Schreiben zu helfen.

Du bist sofort bereit und setzt dich neben ihn. **130**

Du bedauerst, daß du keine Zeit hast und eilst weiter. **290**

Du machst dich lustig über seine Rechtschreibschwierigkeiten. **99**

Du greifst vorsichtshalber nach deinem Fangspaten. **19**

Warst du bereits an dieser Stelle mit dem Baumstumpf, ist Josef Filser nicht mehr da. **290**

227 Du fagst den Roider Jackl, warum er dich auf den Arm nehmen will. Da singt der Roider Jackl ein drittes Gstanzl:

Mit de Wolpertingerjäger
mach i gern a Juxarei.
I steh niamois dene Jäger,
sondern de Wolpertinger bei.

Du läßt dir nochmal die gesamte Begegnung mit dem Roider Jackl durch den Kopf gehen, um dich richtig entscheiden zu können.

Also wie hat alles doch gleich begonnen? . . **84**

228 Du kommst zur Weggabelung zurück und gehst diesmal in die andere Richtung zu **68**

229 Im selben Augenblick rast das Wesen auf dich zu und springt dir an den Hals. Es kommt zu einer gefährlichen Rauferei.

Unbekanntes Wesen: Irxnschmalz 7 – Grips 6

Hast du gewonnen, dann geh rasch weiter zu 389

Hast du verloren, stürzt du zu Boden. 63

230 Du hast den Wolpertinger noch immer nicht gefunden. Du stellst dir vor, daß das ja ewig dauern kann. Das deprimiert dich so sehr, daß du tatenlos am Wegesrand sitzen bleibst. Tage später wanderst du in geistiger Umnachtung nach Neuschwanstein und betrittst wie in Trance das Schloß. 181

231 Als du deinen braunen Rausch ausgeschlafen hast, gelüstet es dich noch nach dem schwarzen Rausch. Du drückst die Augen zu und wünschst ihn dir herbei. 374

232 Du wanderst weiter und gerätst plötzlich in eine Wolpertingerkolonie. Bevor du jedoch mit den Fangvorbereitungen beginnen kannst, stürzen an die 40 Wolpertinger auf dich zu. Du kommst gerade noch davon, hast aber einen derartigen Schock erlitten, daß du von einem Krankenwagen abgeholt werden mußt. Mit Blaulicht und Martinshorn gehts zu 197

233 In der Schwäbischen Alb kommt dir von weitem ein Wesen entgegen. Es ist noch kaum erkennbar.
Du mußt näher zu **160**
Am Wegesrand steht auf einem Schild die Nummer 42. Merk sie dir. Du brauchst sie in Kürze.

234 Es ist Nacht geworden. Ein Wetter zieht auf. An das offene Fenster eines Bauernhauses ist eine Leiter gelehnt. Es reizt dich zu fensterln. Du gehst auf die Leiter zu. Da fängt es auch schon zu hageln an. Hast du Maßl, so daß dich kein Hagelkorn trifft?
Hast du Glück, klettere die Leiter hoch. .. **175**
Hast du kein Schwein, dann hagelt es dir auf den Kopf. **4**

235 Der Räuber Kneißl hat damit nicht gerechnet. Der Sack trifft seine Flinte. Aber wird er sie sich aus der Hand reißen lassen?
Räuber Kneißl: Irxnschmalz 9 – Grips 8
Wenn du den Räuber Kneißl wehrlos gemacht hast, dann zu **394**

236 Leider hast du gar nicht bemerkt, daß die Kutsche rasend schnell in eine andere Richtung gefahren ist. Sie ist durch Dörfer gesaust, vorbei an Wiesen und schon liegt vor dir ein großer Wald. Jetzt hält sie. Du springst entsetzt vom Kutschenbock und marschierst in den Wald. .. **284**

237 In der Wiese neben deinem Weg erblickst du auf einmal drei wunderschöne Blumen. Ein Edelweiß, einen Enzian und einen Almenrausch. Du weißt zwar, daß diese Pflanzen geschützt sind, kannst dich aber nicht beherrschen und pflückst alle drei? **69**

Pflückst du nur eine der drei Blumen, entscheide dich, welche du nimmst. **179**

Du läßt alle drei Blumen stehen und gehst weiter. **328**

238 Kaum hast du die Blaue Blume in der Hand, weichen die Geister vor ihrem weißblauen Licht erschrocken zurück. Du kannst jetzt schauen, daß du schnell zum Ausgang kommst. **87**

Willst du dich nach dem Wolpertinger umsehen, spring aus dem Wagen und geh zu **148**

239 Du schaust in das Nest, da springt dir wütend ein Marder entgegen. Fast hätte er dich in den Hals gebissen. Schon wieder greift er dich an. So ein Mist, du mußt mit ihm raufen.

Marder: Irxnschmalz 4 – Grips 1

Wenn es dir gelingt, den Marder zu vernichten, dann zu **144**

Hoffentlich unterliegst du dem Marder nicht, du würdest mit Blutvergiftung zwei Wochen ins Krankenhaus und danach deine Jagd von neuem beginnen müssen.

240 Die schwarze Feder, mit der du dir über den Magen streichst, macht alles nur schlimmer. Dir wird so übel, daß du dich übergeben mußt. Danach geht es dir besser. Du hast ziemlich an Kraft verloren. Streich dir zwei Irxnschmalzpunkte weg, und dann geh langsam weiter in Richtung auf einen Wald zu. **89**

241 In dem blauen Kuvert ist ein Zettel. Auf dem steht: „Besuch mein Schloß Linderhof." Der Märchenkönig ist verschwunden. Hast du das grüne Kuvert gewählt, zu **378**
Du gehorchst dem König und gehst zu Schloß Linderhof. **138**

242 Ein großer Steinbrocken liegt am Boden. Wenn du nicht aufpaßt, stolperst du über ihn und verletzt dich am Knie. Humpelnd gehst du weiter. Die Verletzung kostet dich 2 Irxnschmalzpunkte und 1 Gripspunkt. Der linke Weg wird noch unbegehbarer. Du kehrst also um **127**

243 Der See, an dem du ankommst, hat ein klares und sauberes Wasser, wie es das in Bayern nur noch selten gibt.
Wenn du Lust verspürst, in ihm zu baden, dann steige in **142**
Willst du lieber an seinem Ufer eine kleine Brotzeit machen, dann laß dich nicht daran hindern.
.... **398**

244 Ganz deutlich siehst du auf einmal einen Wolpertinger vor dir. Du läufst ihm nach, um ihn nicht aus den Augen zu verlieren. In der Münchner Fußgängerzone greift die Polizei eine Person auf, die wie irr hinter etwas herrennt, das gar nicht existiert. Die Person bist du. **197**

245 Du bleibst ruhig stehen und schaust dem Hund fest in die Augen. Da verkriecht sich der Köter unter dem Tisch. Der Bauer schickt ihn sofort aus der Stube. Du hast Maßl gehabt und bekommst einen Maßlpunkt dafür. Nach dem Regen wanderst du wieder los.

Gehst du in Richtung Erdinger Moos, dann zu **328**

Gehst du zu einer Wiese, wo schöne bayerische Blumen blühen, um dir eine davon zu pflücken, dann zu **179**

Willst du mehr als eine dieser seltenen Blumen pflücken, gehe zu **69**

246 Eine Hexe schlägt dir mit ihren Krallen den Fangspaten aus der Hand. Du bist momentan wehrlos und siehst, wie die Geister bedrohlich auf dich zukommen. **291**

247 Bayerische Dackel können hundsgemein beißen. Du mußt dich gegen ihn wehren.

Dackel: Irxnschmalz 5 – Grips 4

Wenn du den Zamperl unschädlich gemacht hast, geh schnell weiter zu 300

248 Die Zwidawurzn erregt dein beabsichtigter Widerstand so sehr, daß sie mit ihrem Nudelholz sofort zum Angriff übergeht:
Zwidawurzn: Irxnschmalz 9 – Grips 5
Hast du der Zwidawurzn gezeigt, wer hier der Stärkere ist, dann zu 65
Wenn du zusätzlich eine 6 würfelst, kannst du die Zwidawurzn in die Odelgrube schubsen, dann zu 303

249 Aber wieder erblickst du in der Ferne eine Schranke und ein Schild. Jetzt willst du wissen, was das soll. Du gehst darauf zu 365

250 Plötzlich stehst du dem grunzenden schwarzen Keiler gegenüber, der vor dem Jagdmuseum seinen Platz hat. Er bedroht dich und will dich mit seinen Hauern zerfetzen. Du machst dich bereit zur Keilerei.
Keiler: Irxnschmalz 7 – Grips 5
Wenn du aus dem Keiler Kleinholz gemacht hast, dann zu 343
Wenn du fliehen willst, zieh dir einen Gripsstrafpunkt ab und verlasse schleunigst mit dem Eilzug München. Du gelangst auf freies Feld. 398

251 Du stößt auf einen Muhackl, also einen bayerischen Ureinwohner. Als der dich sieht, unterbricht er sein Maultrommelspiel und fordert dich auf, mit ihm Karten zu spielen.
Du lehnst dankend ab und schaust, daß du weiterkommst, bevor der Muhackl zu granteln anfängt. **311**
Du setzt dich zu ihm und er mischt die Karten. **225**

252 In der Nähe von Altötting gelangst du in einen kleinen Wald. Dort siehst du plötzlich einen herrlichen Charivari am Boden liegen. Hat den Trachtenschmuck jemand verloren? Außerdem liegt ein bayerisches Rautenpapierfähnchen daneben. Du überlegst:
Soll ich das Rautenfähnlein mitnehmen? Dann zu **327**
Soll ich den Trachtenschmuck aufheben? Dann zu **124**
Ach was! Ich gehe besser ohne die Sachen weiter und suche Wolpertingerspuren. **72**

253 Du gehst auf den Alten zu, da bricht ein Wolf aus dem Gebüsch und versucht den Einsiedler anzuspringen. Du überlegst, was du machen sollst.
Willst du dich schützend vor den Alten stellen? **351**
Möchtest du den Wolf mit deinem Fangspaten

abwehren? 332
Denkst du daran, den Wolf auf andere Weise unschädlich zu machen? 278
Beabsichtigst du, dich in der Hütte des Alten zu verstecken? 379

254 Um Mitternacht hörst du eine wunderschöne Zithermelodie. Der Geist König Ludwigs II. steht vor dir. Mit dem Finger zeigt er stumm in Richtung München. Er schenkt dir drei König-Ludwig-Taler. Dann verschwindet er. Was wollte dir der König sagen? Du sollst in Richtung München gehen, weil dort die Wolpertingerfährte hinführt. Wenn du das glaubst, dann geh zu 192
Oder wollte er dir sagen, daß draußen vor dem Schloß Herrenchiemsee ein Wolpertinger lebt, dann geh zu 92

255 Du siehst auf dem Boden drei Spuren.
Du folgst der Entenfuß- und Dachspfotenspur. 397
Du folgst der winzigen undeutlichen Spur.. 149
Du folgst der einfüßigen Spur. 113

256 Du kommst zum Ende des Grünwalder Forstes. Da hörst du etwas, das sich anhört wie Jahrmarktbudengeschrei. Was ist das?
Willst du nachschauen, dann zu 167

Auch König Ludwig besaß einen Wolpertinger, den er sorgsam pflegte.

Willst du dem Lärm lieber aus dem Weg gehen, wandere zu **292**

257 Soeben läuft der Kapitän mit dem Rettungsring herbei. Du aber stehst plitschnaß längst wieder am Rand des Weihers und siehst auf dem Rettungsring die Zahl 111. Vielleicht notierst du sie dir auf? Es ist eine Leuchtzahl. – Erschöpft von dem Erlebnis ißt du ein Brotzeitpaket, was dir gegönnt sei. Dann verabschiedest du dich vom Kapitän. Der erzählt dir von seinem Berufskollegen, der ganz in der Nähe wohnt und den du vielleicht treffen wirst. Du gehst zu **53**

258 Sofort schwimmt der Schwan herbei. Du kletterst mit letzter Kraft auf seinen Rücken und schon startet der Königsvogel in Richtung Sauwald. Da hast du aber Maßl gehabt. Ein Maßlpunkt gehört dir. Für den Wadenbiß mußt du dir aber 2 Irxnschmalzpunkte abziehen. **6**

259 Am Boden findest du ein abgestoßenes Wolpertingergehörn. Der rechte Teil ist ein Gamshorn, der linke ein Rehbockgrandl. Du fühlst, daß du auf der richtigen Spur bist.
Willst du nach weiteren Spuren suchen, dann mach es bei **358**

Willst du, ohne zu suchen, rasch vorwärts kommen, dann zu 328

260 Da bekommst du einen solchen gewaltigen Tritt in den A. . . . llerwertesten, daß du einige Meter durch die Luft wirbelst und zu Boden gehst. Du willst dich bei der Bedienung beschweren und rufst nach ihr. 344

261 Auf dem Weg zur Münchner Frauenkirche begegnet dir die Komikerin Liesl Karlstadt. Sie spricht dich an und sagt dir vertraulich, daß sie wüßte, wo Wolpertinger zu finden seien. Du bist begeistert und folgst ihr. 198
Du läßt dir ein Autogramm geben, aber verabschiedest dich dann von Liesl Karlstadt, weil du glaubst, daß sie sich nur einen Spaß mit dir erlaubt. 250

262 Rasend schnell galoppiert der Faschingskaiser Bo-da-Wa-schi mit dir zum Nockherberg in München. Dort findet gerade der Wolpertingerball statt. Klar, daß du da Wolpertinger siehst, aber was für welche, – nur maskierte. Du verlierst einen Gripspunkt und setzt außerhalb Münchens deine Fährtensuche fort. 313

263 Da hörst du eine dumpfe Stimme, die dir befiehlt, anzuhalten. Du gehorchst und gehst zu

den drei schwarzen Mönchen. **79**
Du tust so, als ob du die Stimme nicht gehört hast und gehst von den drei schwarzen Mönchen weg. **128**

264 Auf dem Weg dorthin verlierst du die Besinnung. In einem Alptraum durchrast du eine Geisterbahn mit schrecklichen Gestalten, die dich bedrohen. Hilflos läßt du den Spuk über dich ergehen und verlierst einen Maßlpunkt. . . . **87**

265 Du öffnest das Schnupftuch neugierig und siehst eine Maultrommel. Dabei liegt ein Zettel: „Wer auf dieser Maultrommel spielt, beruhigt Aufgeregtes sofort." Du steckst die Maultrommel ein. Du dankst Krenkl und gibst ihm die Zügel zurück. Denn du darfst dir einen Maßlpunkt gutschreiben, und wenn du Lust hast, auf dem Kutschbock Brotzeit machen. **236**

266 Der Wachhund fletscht die Zähne, knurrt bedrohlich und kommt auf dich zu. Der Bauer schreit den Köter an: „Pfui! Platz!" Du überlegst, was du machen sollst.
Schnell aus der Stube raus! Dann zu **311**
Ruhig stehenbleiben und den Hund fest anschauen. **245**
Dich rasch hinter dem Bauern verstecken, um dann aus der Stube zu fliehen. **78**
Auch den Hund anschreien: „Pfui! Platz!" . . **348**

267 Du redest mit ihm, aber er wird dadurch nur noch aufgebrachter. Er will dich mit seiner Goaßl fortprügeln.
Du drehst dich um und rennst kopflos davon zu **12**
Du läßt dir das nicht gefallen und zeigst dem Burschen, daß du dich wehren willst. Der will sofort wieder nach dir schlagen. **281**

268 Die Gefahr ist vorbei. Glühend heiß sticht die Mittagssonne auf dich herab. Erschöpft wankst du zu **224**

269 Ein Fahnenschwenker, der mit seiner weißblauen Fahne von einem Trachtenzug mit nachfolgendem Bierzeltbesuch nach Hause torkelt, bietet dir drei Räusche an. Einen mußt du wählen, sonst wird er wütend.
Wählst du den weißen Rausch, dann zu ... **60**
Ziehst du den braunen Rausch vor, dann zu. **393**
Entscheidest du dich für den schwarzen Rausch, dann zu **374**

270 Du bist auf einen Baum geklettert und dort oben in Sicherheit. Das glaubst du. Über dir aber hockt mit glühenden Augen der schwarze Totenvogel.
Kletterst du höher, um ihn dir genauer anzusehen, dann zu **335**

Rutscht du lieber langsam nach unten und versuchst, dich davonzustehlen, dann zu 213

271 Der Fischer vom Königssee nimmt den Betrag. Du streichst ihn von deinem Notizzettel. Er bringt dich mit dem Kanu ans andere Ufer. In seinem Sportwagen fährt er dich noch nach Passau und über die Grenze zum Sauwald. Währenddessen kannst du Brotzeit machen. Dort läßt er dich aussteigen bei Schild **6**

272 Am Boden findest du eine riesige, spitze schwarze Kralle. Wenn du dich traust, nimm sie mit. Dein Weg führt dich nun zu **188**

273 Am Wegesrand steht ein stämmiges, großes Mannsbild. Es ist der Steyrer Hans. Er winkt dich zu sich. Vor ihm liegt ein riesiger 508 Pfund schwerer Stein. Der „bayerische Herkules" lüpft ihn mit seinem Mittelfinger hoch und fordert dich auf, mit ihm seine Kraft zu messen.
Du willigst ein und gehst zu dem Stein. ... **323**
Du winkst ab und willst weitergehen. **355**
Du gehst zum Steyrer Hans und gratulierst ihm. Dann läßt du ihn stehen und gehst weiter zu .. **97**

274 Während du auf das gelb leuchtende Augenpaar zuschreitest, haben die drei anderen Wesen ihre

Deckung verlassen. Sie sind plötzlich um dich herum und wollen dich beißen. Hast du Maßl? Du trittst nach ihnen. Wenn du Maßl hast, laufen

Selbst dem Steyrer Hans, dem bayerischen Herkules, nötigte die Bändigung eines Wolpertingers einen großen Kraftaufwand ab.

die drei weg. Hast du kein Glück, dann wirst du von einem der Wesen angegriffen und verlierst einen Gripspunkt. Schnell zu **229**

275 Was tut ein Wolpertingerjäger, wenn er bei seiner Jagd erfolgreich war? Er läßt in der nächsten Wirtschaft seinen Freunden Freibier ausschenken. Das macht aber nur, wer noch bei Verstand ist. Du hast über den Mißerfolg leider deinen Verstand verloren. Das Schlimmste ist zu befürchten. **181**

276 Auf dem Fahrrad kommt dir die Ratschkathl entgegen. Wenn die Ratschkathl zu reden anfängt, wirst du sie so schnell nicht los.
Läßt du es trotzdem auf eine Begegnung ankommen? **145**
Winkst du ihr zu und gehst schnell über eine Wiese zu einem anderen Weg? **365**
Springst du rasch hinter einen Busch und läßt sie vorbeiradeln, bevor du weiterwanderst? .. **10**

277 Der Volkskomiker Weiß Ferdl tritt auf dich zu und rät dir, mit der Trambahn der Linie 8 weiterzufahren. Er begleitet dich zur Haltestelle. Die Linie 8 fährt soeben heran.
Willst du einsteigen, dann verabschiede dich von Weiß Ferdl. **155**
Willst du lieber den städtischen Bus benutzen,

dann fahre drei Stationen und steige dort aus. 91

278 Der Wolf dreht sich blitzschnell um. Du könntest nun Verschiedenes tun.
Du nimmst dir vor, zu schreien und dann den Klausner und dich in die Hütte zu retten. . . 379
Du ziehst den Hirschfänger, falls du einen hast, und stößt damit auf ihn los. 326
Du wirfst große Steinbrocken, die am Boden liegen, auf ihn. 332

279 Du fühlst dich auf einmal wie neu geboren und kommst rasch voran zu 310

280 Nach wenigen Metern in der prallen Sonne merkst du, daß du nicht weit kommen wirst. Ein Gripspunkt geht dir flöten. Du gehst zum Baum zurück und beschließt noch länger im Schatten zu bleiben. 9

281 Du drehst dich blitzschnell zur Seite. Der Schlag geht daneben. Du springst auf und weißt, es wird zu einer Rauferei kommen.
Goaßlschnoiza: Irxnschmalz 11 – Grips 9
Wenn du es schaffst, den Burschen unterzukriegen, darfst du weiter zu 114

282 Du schaust dir das Jagdmuseum an. In einem rötlich ausgeleuchteten Schaukasten sitzen an die 30 Wolpertinger. Du freust dich – aber dann merkst du, daß sie leider nur ausgestopft sind. Grantig verläßt du das Museum und gehst zu
.... 250

283 Der Stadtschlüssel ist aus purem Gold. Du bewahrst den Schlüssel in deinem Fangsack auf. Als du dich umdrehst, steht ein Gefäß vor dir. . 45
Gibst du den Schlüssel mit einer Verneigung an das Münchner Kindl zurück, dann zu 328

284 Du kommst durch einen Wald, weißt aber nicht, wie er heißt. Da ruft jemand deutlich deinen Namen.
Willst du dem Ruf folgen? 212
Oder läßt du dich nicht ablenken und marschierst zu 313

285 Es wird immer dunkler im Frankenwald. Du folgst den Fußspuren, so gut du kannst. Da leuchten in der Dunkelheit acht Augenpaare auf. Du bist umzingelt. Sind es Wolpertinger?
Du gehst auf das grünleuchtende Augenpaar zu.
.... 293
Du gehst auf das gelbleuchtende Augenpaar zu.
.... 274
Du gehst auf das rotleuchtende Augenpaar zu.

. . . . 147
Du gehst auf das blauleuchtende Augenpaar zu.
. . . . 106

286 Da siehst du vor dir drei schwarze Mönche. Einer von ihnen reicht dir sein schwarzes Buch. Du nimmst es geistesabwesend, drückst aber dabei die Augen fest zu, um auch diesen Spuk loszuwerden. **31**
Du nimmst das Buch und schlägst es auf. . . **308**

287 Vor dir läuft ein Wolpertinger her. Du bist ganz versessen auf ihn und rennst ihm nach, ohne Atem zu holen. Er läuft bis nach Neuschwanstein – du hinterher – er ins Schloß hinein – du hinterher – er den Turm hinauf – du hinterher.
. . . . **181**

288 Du hastest eine Anhöhe hinauf. Als du oben bist, stehst du am Rande eines Abgrundes. Eine Gemse rempelt dich von hinten an. Du verlierst das Gleichgewicht und stürzt in die Tiefe. Du büßt 2 Maßlpunkte ein und dann schwindet dir das Bewußtsein. Du fühlst dich wie im Traum weit fortgetragen. Als du aufwachst, bist du bei **395**

289 Du bekommst plötzlich einen Schreikrampf. Von entsetzten Touristen wirst du tobend in einem

Saal aufgegriffen und der Polizei übergeben. Sie bringt dich in ärztliche Obhut, denn du schreist noch immer wie am Spieß. **197**

290 Du willst nach oben. Das bedeutet, du willst auf einen Berg hochklettern.
Der nächste Berg, den du siehst, ist dir recht. **314**
Du schaust dich auf der Frankenhöhe um. . **51**
Du willst in Richtung Alpen gehen, wo es hohe Berge gibt. **226**

291 Als die Geister dich anfassen und immer aufdringlicher werden, willst du dich gegen sie schützen. Du holst die Blaue Blume aus deinem Sack und hältst sie ihnen entgegen. **238**
Wenn du keine Blaue Blume hast, dann fahre, so gut es geht, weiter, bis du einem Wesen mit einem Instrument begegnest. **39**

292 Du bist nun im Deisenhofener Forst. Vom Wolpertinger hast du bisher noch keine Spur gefunden. Unverdrossen gehst du weiter in Richtung Alpen. **112**

293 Das grünleuchtende Augenpaar ist plötzlich erloschen. Unverfroren gehst du dennoch weiter. Im Gebüsch bemerkst du ein Glitzern. Am

Boden liegen fünf Silbertaler. Du hebst sie auf und notierst sie dir.
Nun kannst du entweder auf das gelbleuchtende Augenpaar zugehen. 274
oder auf das rotleuchtende 147
oder auf das blauleuchtende 106

294 Dein Hilfeschrei hat einen Tatzlwurm, einen riesigen Drachen aufgeschreckt. Er kommt feuerspeiend auf dich zu. Du duckst dich und bist still, damit dich der Tatzlwurm nicht findet. Vor deinen Augen tanzt die Zahl 48. Präge sie dir ein und schleiche dich, sobald es geht, zu 160

295 In dem Goggolori-Schachterl findest du den Spruch: „Kreiß, Kreissl, Kreiß, mach jetzt bloß kein Scheiß." Dabei steht: „Dieser Spruch hält Wolpertinger davon ab, dich anzugreifen." In dem Wurzlsepp-Schachterl findest du ein Kraut. Dabei steht: „Dieses Kraut heilt giftige Wolpertingerbisse auf der Stelle." Du steckst beides in deinen Fangsack. Nachdenklich schlenderst du weiter zu 41

296 Das Fankerl schaut dich frech an. Kaum hast du ihm den Revolver in die Hand gedrückt, ist er verschwunden. Am Boden liegt der Eisenring. Du hebst ihn auf und überlegst, was du machen sollst.

Du steckst ihn an den Finger und drehst ihn, dann zu **149**
Du steckst ihn ein und marschierst weiter. . **255**

297 Ein Schwan kommt auf dich zugeschwommen. Er bietet dir an, dich auf seinem Rücken in raschem Flug zum Sauwald zu bringen. Er behauptet, er sei der Lohengrin-Schwan und vom Märchenkönig zu dir geschickt worden.
Du lehnst dankend ab und schwimmst weiter. **85**
Du kletterst auf den Rücken des Schwans und läßt dich in der Luft weit forttragen. **6**

298 Ach, das Gute liegt so nah! Wenn es nur wahr wäre, denkst du und marschierst weiter. Da hält ein Auto neben dir. Eine freundliche Dame aus Nürnberg lädt dich ein, mit ihr in ihre Heimatstadt zu fahren.
Du willigst ein. Sie läßt dich auf deinen Wunsch an einem Wald aussteigen. **259**
Du lehnst dankend ab und marschierst weiter. Dabei suchst du fleißig nach Wolpertingerspuren. **358**

299 Der Vogeljakob nimmt dich freundlich auf. Er pfeift dir auf seinem Pfeifplattl etwas vor und unterhält dich mit lustigen Sprüchen. Als das Gewitter vorbei ist, willst du sofort weitergehen.

Da bietet dir der Vogeljakob an, dich mit dem Auto zur Zugspitze mitzunehmen, allerdings erst morgen früh. Er muß in Garmisch auf einem Volksfest seine Pfeiferl verkaufen.

Wenn du nicht solange warten willst, dann wandere gleich weiter zu **101**

Wenn du das Angebot des Vogeljakobs annimmst, dann gute Nacht, und morgen früh geht die Post ab zu **302**

300 Auf der Straße hält mit quietschenden Bremsen neben dir ein Motorrad, auf dem ein gefährlich aussehender Sauschlachter sitzt. Mit einer Kopfbewegung deutet er dir an, daß er dich mitnehmen will. Wenn du dich traust, dann zu ... **81**

Gehst du lieber zu Fuß weiter, dann zu ... **207**

301 Dir wird auf einmal schwarz vor den Augen. Zitternd am ganzen Körper brichst du zusammen. **197**

302 Am nächsten Tag kommst du zur Zugspitze. Hier sollen Flugwolpertinger leben. Aber wo? Sollst du rechts oder links gehen. Du denkst dir, in Bayern ist rechts besser als links, und gehst rechts zu **127**

Du magst lieber die linke Richtung und gehst zu **242**

303 Die Zwidawurzn plumpst mit einem Aufschrei in die Odelgrube. Wenn du sie ihrem Schicksal überläßt, dann geh zu **65**
Du kannst nicht so sein und willst sie aus ihrer mißlichen Lage befreien. **202**

304 Der Brandner Kaspar ist ein netter Mann. Er erzählt dir, daß er sich gleich mit dem Boandlkramer, das ist der Tod, trifft. Wenn dir das nicht ganz geheuer ist, trenn dich vom Brandner Kaspar und geh zu **161**
Wenn du auf die Begegnung mit dem Boandlkramer neugierig bist, zu **308**

305 Du hörst ein lautes Stampfen und Schnauben, eine Feuergarbe zischt zum Himmel hoch. Ein Kreischen läßt dir das Blut in den Adern gefrieren. Ist das vielleicht ein Riesen-Wolpertinger? Du siehst nach bei **160**
Merke dir aber die Abzweigung **290** für den Fall, daß du bei dem Wesen, das dir gleich begegnet, nicht weiterkommen solltest.

306 Du steigst die Treppen hoch und kommst in den Kopf der Bavaria. Du schaust der Bavaria aus den Augen auf die Oktoberfestwiese. Plötzlich bemerkst du, daß du die Gedanken der Bavaria hörst.
Wenn du sie hören willst, bleibe bei **133**

Wenn du Angst hast, laufe schnell die Treppen nach unten. **86**

307 Du befindest dich (abermals) zwischen dem Donauried und dem Donaumoos. Bei Donauwörth blickst du in die Donau. Da taucht vor dir (wieder) eine geisterhafte Gestalt aus den Fluten auf. Es ist die schöne Agnes Bernauerin, die einstmals in der Donau unschuldig ertränkt wurde. Sie zeigt mit der Hand (wie schon einmal) in verschiedene Richtungen. Für welche entscheidest du dich? Gehst du

zum Donaumoos? **186**
ins Donauried zurück? **53**
in Donauwörth umher? **159**
zur Fränkischen Alb? **353**

308 Im selben Augenblick springt der Boandlkramer (= Tod) daraus hervor und bedroht dich mit seiner Sense.

Boandlkramer: Irxnschmalz 9 – Grips 9

Du verteidigst dich mit aller Kraft. Wenn du ihn in die Knie zwingst, bist du mit einem Schlag wieder klar im Kopf und gehst, bis du in der Ferne eine Tribüne erkennst. **123**

309 Über deinen Fangspaten brechen die Mitglieder des „Wilden Gjoad“ (Wilde Jagd) in ein wahrhaft höllisches Gelächter aus. Verzweifelt suchst du einen anderen Gegenstand aus, um dich vor den Unholden zu schützen. Wenn es der richtige ist, darfst du dir einen Maßlpunkt gutschreiben. Sieh nach bei 210

310 Du begegnest den drei Bayerischen Kasparn: dem Brandner Kaspar, Kaspar Hauser und dem Kasperlgrafen Franz Graf von Pocci. Mit wem von ihnen willst du weitergehen?
Du gehst mit dem Brandner Kaspar 304
Du folgst dem Kaspar Hauser zu 177
Du begleitest Franz Graf von Pocci zu 107

311 Ein Wolpertingerjäger hat es wirklich nicht leicht. Du gehst jetzt eine lange Strecke auf einsamen Feldwegen und Waldpfaden so leise du kannst, um keine neuen Abenteuer heraufzubeschwören. Du kommst an dampfenden Misthaufen vorbei und 307

312 Es ist der Jodler-König Franzl Lang. Er winkt dich herbei und macht sein Sacktuch auf. Darin liegen vier Dinge. Eine Dose Schmai (Schnupftabak), ein Bayern-Kartenspiel für Schafkopfen und Watten, ein echter Gamsbart und eine Freifahrkarte für eine Isarfloßfahrt. Du darfst dir eines aussuchen oder, wenn du bescheiden bist, auch nichts. Notier es dir auf. Da du den Gegen-

stand gratis bekommst, darfst du dir einen Maßlpunkt dazuzählen. 220

313 Ein schreckliches Gewitter zieht auf. Es blitzt und kracht. Gehst du trotzdem weiter, um keine Zeit zu verlieren, dann zu 222
Stellst du dich in einem Bauernhaus unter, das in der Nähe deines Weges steht? Dann lauf zu 299

314 Du hörst in der Ferne ein spitzes Kreischen. Das verheißt dir nichts Gutes. Aber als alter Raufbold macht es dir nichts aus, wenn es heiß hergeht. 305
Wenn du weiter aufwärts gehen willst, dann zu 290

315 Du verstaust deine Kleider im Fangsack, gehst ins Wasser und beginnst zu schwimmen. Der Fluß hat eine starke Strömung. Das macht dir nichts und du schwimmst weiter. 150
Du kehrst lieber um, obwohl du einen Gripspunkt dabei verlierst. 217

316 Dem Ziegenbart der Haberngeiß werden magische Kräfte nachgesagt. Wenn du willst, schneide ihn ab und steck ihn ein. Dann verlasse das Ungeheuer und gehe zu 302

317 Der Roider Jackl erscheint zum zweiten Mal. Du fragst ihn, ob er mit dem Königsjodler bloß einen Jux machen wollte. Der Roider Jackl singt darauf ein neues Gstanzl.

„Gabats keine Wolpertinger
drunt am stillen Königssee,
waar des weltberühmte Echo
auf dem See doch aa recht schee."

Der Roider Jackl ist danach plötzlich verschwunden. Du möchtest ihn aber so gerne weiter singen hören und rufst nach ihm. **84**

Du lachst, und denkst dir: Alles Schwindel. Aber dann hast du einen Einfall. **227**

318 Interessiert dich, wofür die anderen Gegenstände von Nutzen gewesen wären, auch wenn du sie nicht mehr nehmen darfst, dann zu **220**

Du weißt bereits, wozu die anderen Dinge gut gewesen wären, oder du willst es gar nicht wissen, weil du sie nicht besitzt und willst lieber etwas anderes sehen. **80**

319 Der Sauschlachter zieht seinen Hirschfänger und beginnt die Prügelei. Es geht hart auf hart.

Sauschlachter: Irxnschmalz 7 – Grips 6

Wenn du den Schlachter außer Gefecht gesetzt hast, nimmst du ihm den Hirschfänger. Du kannst weitergehen und kommst nach einiger Zeit in einen großen Park. **362**

320 Es ist Nacht geworden. Der Vollmond scheint. Vor Schloß Linderhof wartet auf dich die herrenlose Prunkkarosse Ludwigs II. Du steigst ein. In rasender Geschwindigkeit bringt sie dich zum Grünwalder Forst, zu einem Platz, den du noch nie im Leben gesehen hast. Du steigst aus und siehst im Mondlicht eine Höhle vor dir. Du gehst zu **191**

321 In dem rotglühenden Buch, das du immer noch in Händen hältst, erscheint auf der rechten Seite die Rechenaufgabe 132:2.
Das Ergebnis merke dir und notier es gleich auf. Auf der linken Seite erscheinen die Worte „Oberpfälzer Wald". Im selben Augenblick fallen die drei schwarzen Mönchskutten in sich zusammen und werden zu großen Siebenmeilenstiefeln. Du steigst mutig in sie hinein und bist **95**

322 Im Schloß Herrenchiemsee hast du eine Idee. Du könntest dich hier verstecken, um zu übernachten. Du traust dich dann aber doch nicht und fährst nach der Besichtigung über den See zurück zum Gasthaus „König Ludwig II.". Am nächsten Morgen stehst du auf und wanderst weiter . **272**
Du versteckst dich tatsächlich und läßt dich einschließen. Es wird Nacht. Alles ist ruhig. . **254**

323 Du packst den Stein am Greifring mit dem Mittelfinger und beginnst die Kraftprobe.

Steyrer Hans: Irxnschmalz 12 – Grips 5
Wenn du den Steyrer Hans klein gekriegt hast, dann läßt er dich weiterziehen zu **357**

324 Du lachst und denkst: Raffiniert! Jetzt haben sie der Bavaria einen Lautsprecher in den Kopf gebaut und sogar den Kopf kann sie mit Hilfe von Maschinen drehen. Du findest das ulkig. Im selben Augenblick bekommst du in deinen Allerwertesten einen Tritt. Dir wird es unheimlich und du läufst die Treppe hinunter. **86**

325 In der Ferne siehst du einen stämmigen bärtigen Mann mit einer Nagelkeule und einem Lederschurz. Es ist der Schmied von Kochel.
Wenn du ihm über den Weg laufen willst, zu **34**
Läßt du ihn lieber vorbeistampfen, dann schlag dich in die Büsche und warte ab, bis wieder alles ruhig ist. **228**

326 Die Bestie von einem Wolf ist tot. Während du dir zwei Maßlpunkte aufschreiben darfst, bricht aus dem Unterholz ein weiterer Wolf hervor. Er ist noch größer. Du hast augenblicklich keine Kraft mehr, um zu kämpfen. **379**

327 Du hebst das Rautenfähnlein auf. Es ist schon arg verschmutzt. Wenn du es trotzdem willst, dann

steck es in deinen Fangsack. Vielleicht bringt es dir Glück. 72
Findest du den Trachtenschmuck interessanter als das bayerische Rautenfähnchen, dann wende dich ihm zu. 124

328 Du hörst hinter dir Schritte. Du drehst dich um. Du erblickst (wieder) einen Mann, der dich grüßt. Er schaut (abermals) genauso aus wie Ludwig Thoma, der bayerische Schriftsteller. Er lächelt dir freundlich zu und sagt dann vier Sätze, bevor er querfeldein verschwindet. Welchem der vier Sätze willst du folgen?
Geben S' doch die Wolpertingerjagd auf! .. 156
Wenn's unbedingt sein muß, dann gehen S' in den Bayerischen Wald. 205
Ach, das Gute liegt so nah! 298
Gut Ding will Weile! 237

329 In der Ferne hörst du das schauerliche Heulen von Wölfen. Du weißt aber nicht, woher es kommt. Dir bleibt nichts anderes übrig, als weiterzumarschieren zu 80

330 Da erzählt dir der Luggä einen Witz. Er fragt dich: „Wie kommt eine Semmel nach Amerika und ein Neger aufs Oktoberfest?" Du weiß es nicht. Aber der Luggä: „Die Semmel altbacken und der Neger schwarz." – Du drückst die

Augen zu, um die beiden Plagegeister abzuschütteln. **286**

331 General Tilly ist wütend, weil du es ablehnst, den Krug Wein zu leeren. Er will dich auspeitschen lassen. Da holst du aus deinem Fangsack einen Silbertaler und hältst ihn dem General entgegen. Im selben Augenblick ist er verschwunden. . **328**

Du hast keinen Silbertaler und willst nun doch den Krug leeren. **45**

332 Der Wolf ist gefährlich. Ob du mit deiner Verteidigungsmethode gegen ihn etwas ausrichten kannst?

Wolf: Irxnschmalz 9 – Grips 8

Hast du den Wolf zur Strecke gebracht, geh zu **326**

Willst du nach dem zweiten Angriff des Wolfes dich alleine in der Hütte verschanzen und den Einsiedler stehenlassen. **223**

Willst du den Einsiedler mitretten, bleibt dir der Feigheitsstrafpunkt erspart. **379**

333 Die Geister greifen in deinen Fangsack. Sie suchen nach Silbertalern und König-Ludwig-Talern. Dracula und Frankenstein, Doktor Jekyll und Mister Hyde, die Mumie und der Zombie, alle wollen dein Geld. Du wehrst dich noch immer nicht und hoffst, bald die Geisterbahn hinter dir zu haben. **291**

334 Ab diesem Augenblick weißt du nicht mehr, wer du bist, was du willst und was du tust. Du kannst gerne Brotzeit machen, wenn du möchtest. Vielleicht geht dann der kleine Schwächeanfall vorüber. **181**

335 Es ist ein riesiger Rabe mit höllenschwarzen Kohleaugen. Er krächzt dir zu, daß du auf dem falschen Weg bist und in dein sicheres Verderben rennst, wenn du dich nicht bald richtig entscheidest. Du kletterst den Baum herunter. Da liegt eine schwarze Feder am Boden. Nimmst du sie mit?

Du gehst nachdenklich nach rechts. **65**

Du gehst auf ein wild schreiendes Weibsbild zu. **171**

Du wirfst nach dem Weibsbild einen Ast, damit es kehrt macht. **248**

336 Ein Hopfenbauer läßt dich in seine Stube ein. Aber sein großer schwarzer Wolfshund knurrt dich an. Leider scheint er dem Bauern nicht folgen zu wollen. Du schaust dem Hund ganz ruhig in die Augen. **266**

337 Im Hofoldinger Forst hörst du auf einmal ein Stöhnen. Auf dich zu wankt der „Bloudi Mo", der „Blutige Mann", ein Gespenst, das dich vernichten will. Du nimmst zwei Äste und bildest

ein Kreuz damit. Der „Bloudi Mo“ starrt es an. Da fangen die Äste zu rauchen an. Wer wird gewinnen? Läßt du es darauf ankommen?
Bloudi Mo: Irxnschmalz 9 – Grips 9
Vertreibst du das Gespenst, schnell zu **74**
Willst du lieber Reißaus nehmen, dann flüchte (nach Abzug von 2 Gripspunkten) durch den Wald weiter zu **92**

338 Als du aus deiner Bewußtlosigkeit erwachst, hat dich Papa Schichtl auf das Fallbeilbrett geschnallt. Lachend zieht er den Hebel. Das Fallbeil saust mit einem Rasseln auf deinen Nacken herunter.
.... **200**

339 Du wirst von den Schmerzen fast besinnungslos. Krampfhaft überlegst du, was du machen könntest.
Du bereitest dich schicksalsergeben auf dein Ende vor. **387**
Du besitzt das Kraut gegen Wolpertingerbisse und schluckst ein kleines Stück davon. **30**
Du hast die schwarze Feder und streichst dir damit über den Magen. **240**
Du spielst auf der Maultrommel, die alles beruhigt. Hast du sie? **44**

340 Du bekommst das Bayernwappen überreicht. Die beiden Löwen, die es tragen, versprechen, dir bei jeder Rauferei in Zukunft zu helfen. Und zwar darfst du dir vor Beginn jeder Rauferei einen Irxnschmalzpunkt gutschreiben. Das Münchner Kindl ist verschwunden.

Du siehst vor dir ein Gefäß stehen, darauf die Worte: Trinke mich aus! **45**

Du rufst nach dem Münchner Kindl, daß es sich dir nochmals zeigen soll. **391**

Du drehst dich um und gehst den Weg, den du gekommen bist, zurück. **219**

Du setzt dich auf den Boden, denkst nach und gehst dann zu **159**

341 Der Fischer liegt k. o. am Boden. Du findest in seinen Taschen einen König-Ludwig-Taler. Du hast eine solche Wut auf ihn, daß du ihm die Münze stiehlst. Dann nimmst du sein Kanu und paddelst damit über den Fluß. Du hast Maßl und kommst drüben an. Das bringt dir einen Maßlpunkt ein. Mit kräftigen Schritten marschierst du weiter. **6**

342 Die Straßenbahn der Linie 8 fährt in eine ganz andere Richtung als du willst. Du steigst zwar bei der nächsten Station aus, mußt aber den ganzen Weg, den du gerade gefahren bist, zu Fuß zurücklaufen. Das kostet dich einen Punkt von deinem Irxnschmalz. Der Weiß Ferdl hat dich ganz schön hereingelegt. Als du wieder bei der

Haltestelle ankommst, gehst du zu Fuß weiter nach **91**

343 Du wanderst zur Isar hinunter. Gerade kommt ein Floß vorbei. Du winkst und das Floß legt am Ufer an. Die Flößer und die Besatzung laden dich ein, mit ihnen mitzufahren. Du freust dich und springst auf. **55**
Du lehnst ab und willst lieber zu Fuß weiter. **152**

344 Da auf dein Rufen keine Bedienung kommt, erhebst du dich und wankst in der Sonnenglut weiter. Wenn du dir jetzt Schatten suchen willst, dann wende dich zu **380**
Hältst du die Hitze tapfer aus, marschiere vorwärts zu **310**

345 Josef Filser nimmt deine Entschuldigung an und fragt dich nochmals, ob du ihm beim Briefschreiben nicht doch helfen willst. Um ihn nicht noch mehr zu verärgern, willigst du ein. **130**

346 Eine ungestüme Gewalt ergreift deine Beine, ohne daß du widerstehen kannst. Es treibt dich den Turm des Schlosses Neuschwanstein hoch. Dort siehst du angestrengt aus dem Turmfenster.
.... **181**

347 Der Karä erzählt dir einen Witz: „Der Münchner Tierparkdirektor fragt einen Polizisten auf der Straße: „Habn sie vielleicht grad einen Wagn voller Affen vorbeifahren sehen?“ – Da meint der Polizist: „Warum, san Sie rausgfalln?“
Du findest den Witz blöde und lachst nicht.
. . . . **330**
Du mußt über den Witz herzlich lachen. . . . **50**

348 Der Hund ist von deinem Geschrei sichtlich beeindruckt, verstummt und nimmt Platz. Jetzt darfst du keinen Fehler machen. Du gehst langsam rückwärts, um aus der Stube zu kommen.
. . . . **266**
Du bleibst stehen und beginnst mit dem Bauern ein Gespräch. **29**

349 Unter Wasser siehst du nichts Genaues, so blitzschnell geht alles vor sich. Das Wesen, das du für einen Wolpertinger hältst, will dich nicht mehr auftauchen lassen. Es versucht dich zu ertränken. Würfle. Soviele Augen wie du hast, mußt du dir an Punkten abziehen. Du kannst dir die Punkte nach deinem Belieben auf Irxnschmalz und Grips verteilen. Zum Glück kommt dir der Königsschwan zur Hilfe. Er taucht zwischen deine Beine und reißt dich aus dem Wasser. Dann fliegt er dich mit kräftigen Flügelschlägen zum Sauwald. **6**

350 Du kommst an einem Getreidefeld vorbei, wo die goldenen Ähren hoch gewachsen stehen. Du siehst einen kleinen Trampelpfad mitten durch das Feld gehen. Du bist entrüstet über den Missetäter, doch dann folgst du neugierig dem Weg zu **75**

351 Du stellst dich mit ausgebreiteten Armen vor den Einsiedler. Der Wolf hält kurz inne. Dann duckt er sich zum Sprung. Wenn du nach dem Fangspaten greifen willst, dann zu **73**
Willst du den Wolf mit einem anderen Gegenstand abwehren, dann zu **278**

352 Der Faschingskaiser Bo-da-Wa-schi galoppiert alleine weiter. Du grübelst nach, ob er nicht doch etwas von den Wolpertingern gewußt hat. Aber du weißt, daß das nicht sein kann und darfst dir einen Gripspunkt gutschreiben. **313**

353 Auf dem Weg dorthin plagen dich die Gedanken, wohin du marschieren sollst. Das ist nicht leicht. Du kannst zur Stärkung vorerst einmal Brotzeit machen.
Willst du ins Donauried? **307**
Oder in Richtung Frankenhöhe? **51**
Oder nach Neu-Ulm? **13**
Oder in die Schwäbische Alb? **233**

354 Aber so sehr du auch davonläufst, das Dröhnen ist schneller als du und holt dich mit aller Kraft ein.

Du bleibst stehen und preßt dir die Hände an die Ohren. 180

Du rast zurück, um den Alphornbläser zum Schweigen zu zwingen. 264

355 Der Steyrer Hans flucht hinter dir her und nennt dich Schwächling und Feigling. Dann hebt er einen Steinbrocken auf und wirft ihn dir nach. Würfelst du eine 2, hat er dich getroffen und du verlierst einen Maßlpunkt. Hat er dich nicht getroffen, schau, daß du weiterkommst. ... 357

356 Im Laubwald siehst du mit wilden Masken die Buttnmandl. Ihr Körper ist ganz in Strohbüschel gewickelt. Mit den umgehängten Kuhglocken machen sie einen ungeheuren Lärm. Besonders furchterregende Sprünge vollführt der Gangerl, der wie ein wilder Teufel aussicht.

Du huschst schnell in einen Seitenweg, um von dieser gespenstischen Truppe wegzukommen. 268

Du willst dir das Treiben dieser Wesen genauer ansehen. 56

357 Endlich bist du in den Allgäuer Alpen. Da hörst du den Brunftschrei eines Wolpertingers. Jeden-

falls glaubst du, daß es ein Wolpertinger war.
Du gehst auf die Richtung zu, aus welcher der Schrei kam. 141
Du wartest ab, ob du den Schrei nochmals hörst. 104
Du gehst in Richtung Oberstdorf weiter. .. 388

358 Im Erdinger Moos suchst du zwei Tage vergeblich. Sogar nachts irrst du durch die Gegend. In der zweiten Nacht begegnen dir vier seltsame Wesen. Der Friedensengel, der Jägahansl, eine Drud und der Fankerl. Jedes dieser Wesen winkt dir, mit ihm zu gehen.
Du folgst dem Friedensengel. 189
Du folgst dem Jägahansl. 93
Du folgst der Drud. 120
Du folgst dem Fankerl. 384

359 Das „Wilde Gjoad“ fegt über dich hinweg, ohne dir ein Leid zuzufügen. Du schnaufst erleichtert auf und wanderst weiter zu 88

360 Du stehst vor dem Schmied vom Kochel. Blitzschnell führt er mit seiner Stachelkeule einen Schlag gegen dich. Gerade noch kannst du ihm ausweichen. Hält er dich für einen Feind? Auf der Keule steht die Zahl 521. Schreib sie dir von rückwärts her auf, denn nur so ist sie richtig. In

Bayern gehen eben nicht nur die Uhren anders. Du rufst dem Schmied zu, daß du ein Bayer und sein Freund bist. Gleichzeitig drehst du dich um und läufst davon. Du würfelst. Wenn deine Zahl 4 ist, verlierst du 1 Irxnschmalzpunkt und 2 Gripspunkte und entkommst dann zu **135**

361 Du kommst in ein besonders dunkles Waldstück. Es kommt dir vor, als sei es Nacht. Da siehst du die Schwarze Frau auf dich zukommen. Das bedeutet Unglück. Zieh dir einen Maßlpunkt ab und dann nichts wie weg. **176**

362 Im Forstenrieder Park hörst du auf einmal ein bösartiges Kichern. Willst du nachschauen, was da los ist, dann schnell zu **369**
Oder hast du die Nase noch von vorhin voll? Dann verlasse den Park und wandere weit weg zu **41**

363 Das Etwas sind 25 bis 30 Perchten. Sie sehen dich, und bevor du mit ihnen reden kannst, schlagen sie mit ihren langen Ruten auf dich ein. Du verlierst einen Irxnschmalzpunkt und einen Gripspunkt. Der Spuk ist vorbei. Du schaust auf den Boden nach den Spuren. **255**
Du gehst, ohne auf den zertrampelten Boden zu blicken, weiter. **372**

364 Der Kutscher Krenkl gibt dir, ohne zu zögern, die Zügel und ruft: „Wer ko, der ko!" Wirst du es schaffen, die Kutsche so gut zu lenken wie Krenkl, oder jagen die Pferde samt Kutsche in den Graben? Miß deine Kräfte mit Krenkl.
Franz Xaver Krenkl: Irxnschmalz 8 – Grips 8
Wenn du besser bist als Krenkl, dann zu .. **182**
Gibst du lieber auf, dann zieh dir 2 Gripsstrafpunkte ab und geh zu **236**

365 Am Wegesrand steht ein Schild: Grenze. Außerdem versperrt dir ein Grenzbalken den Weg. Ein Wachposten ist nicht zu sehen. Du hebst den Balken in die Höhe und setzt deinen Weg
fort. **61**
Du kehrst lieber um, weil du keine Grenze verletzen willst. **88**

366 Am Abend kommst du am Chiemsee an. Du willst im Gasthaus „König Ludwig II." übernachten. Du genehmigst dir eine Brotzeit. Du bist müde und willst gleich ausruhen. Im Schlaf
hast du einen seltsamen Traum. **234**
Da es noch möglich ist, fährst du auf die Insel Herrenchiemsee, um das König-Ludwig-Schloß zu besichtigen. **322**

367 Die Isarfloßfahrtfreikarte nützt dir jetzt wenig. Langsam gehst du dorthin, wo du vermutest, daß

der Wolpertinger hockt. Auf dem Weg zu dieser Stelle wirst du von einem herrlichen Anblick abgelenkt. **141**
Du läßt dich nicht ablenken und hältst weiter darauf zu. **104**

368 Du hast ein dringendes menschliches Bedürfnis. Ein Herzhäuschen steht in der Nähe. Du wagst es, dorthin zu gehen? **108**

369 Das Kichern wird lauter und lauter. Plötzlich stehen vor dir zwei kleine Männchen: der Goggolori und der Wurzlsepp. Der Goggolori fordert dich auf, mit ihm Finger zu hakeln. Der Wurzlsepp will mit dir armdrücken. Wenn du zu den Kraftproben Lust hast, dann zu **115**
Traust du den Kobolden nicht, laß sie stehen und geh zu **41**

370 Du hast es den Haberern aber gezeigt. Dafür bekommst du 2 Maßlpunkte. Ruhelos gehst du weiter in Richtung Allgäuer Alpen. Du kommst gut voran zu **273**

371 Der Schichtl greift nach dir und will dich unters Fallbeil legen. Denn er will mit dir das „Köpfen einer lebenden Person“ vorführen. Es ist verständlich, daß du dich dagegen mit Händen und Füßen wehrst.

Schichtl: Irxnschmalz 8 – Grips 6
Hast du mit dem Schichtl das Fallbeilspiel gespielt und nicht er mit dir, kannst du beruhigt zu **20**

372 Du hörst einen lustigen Gesang in deiner Nähe. Das mußt du dir genauer ansehen. Denn ein Gesang war doch noch nie schlecht. **84**

373 Aus der Spritze tropft eine Flüssigkeit. Du bist starr vor Schreck. Doktor Eisenbarth holt aus, und bevor du es verhindern kannst, stößt er dir die Riesentrummnadel in den Oberschenkel. Dir schwinden die Sinne. Du siehst gerade noch die Zahl **206**

374 Du hast plötzlich eine Schnupftabakdose in Händen. Du schnupfst eine gewaltige Prise Schmai in beide Nasenlöcher. Der schwarze Rausch putzt dein Hirn durch und du erhältst einen Gripspunkt. Es fängt jetzt plötzlich zu hageln an. Du suchst einen Schutz, wo du dich unterstellen kannst und kommst zu **4**

375 Josef Filser liegt erledigt am Boden. Du bist wütend und nimmst ihm Feder und Tinte weg. Außerdem findest du in seiner Tasche zwei Silbertaler. Zornig steckst du auch sie ein. Wenn du jetzt Hunger hast, mach Brotzeit. Dann geh weiter bergaufwärts zu **290**

376 Das hättest du nicht tun sollen. Du weißt doch: Der Bayerische Löwe ist unbesiegbar. Wenn du trotzdem mit ihm kämpfst, ist das dein sicherer Tod.
Bayerischer Löwe: Irxnschmalz 100 – Grips 100
Du entscheidest dich vernünftigerweise für die Flucht. **195**

377 Im Grünwalder Forst spürst du große Schmerzen im Mittelfinger der rechten Hand und im Schultergelenk. Das kommt davon, wenn man mit Kobolden fingerhakelt und armdrückt. Aber der Goggolori und der Wurzlsepp haben dir kichernd rechts und links je ein kleines Schachterl in die Hosentaschen gesteckt. Bist du neugierig? Dann schau nach, was in den Schachterln ist und geh zu **295**
Traust du den beiden Kobolden nicht – sie haben schließlich die Kämpfe verloren – dann wirf die Schachterl lieber weg und mach dich auf den Weg zu **41**

378 Du öffnest das grüne Kuvert. Es ist leer. Schnell greifst du nach dem blauen Kuvert.
Würfelst du eine 6, geht das blaue Kuvert in Flammen auf. Du rast vor Verzweiflung und rennst zu **181**
Hast du Maßl, folgst du der Botschaft aus dem blauen Kuvert und gelangst zu **138**

379 Vor dir steht zähnefletschend ein Wolf. Du fängst wie wahnsinnig zu schreien an. Der Wolf erschrickt. Blitzschnell packst du den Einsiedler am Arm und zerrst ihn in die Hütte. Du schlägst die Tür zu. Der Wolf springt wütend am geschlossenen Tor hoch. Aber ihr seid in Sicherheit. Der Alte dankt dir bewegt. **36**

380 Du gehst nun unter schattenspendenden Bäumen in Richtung Chiemsee. Du freust dich auf ein kühles Bad und schreitest tapfer zu **83**
Du machst erst Brotzeit, dann setzt du den Weg fort. **279**

381 Mit der Blauen Blume in den Händen näherst du dich der Stelle, von welcher der Schrei an deine Ohren gedrungen ist. Plötzlich huscht blitzschnell ein hasengroßes Wesen auf dich zu. Du kannst nicht erkennen, was es ist. Es versucht dich in die Beine zu beißen. Aber du hast die Blaue Blume und wirst an einen fernen Ort entrückt. **395**

382 Auf einer Waldlichtung sitzen drei schwarze Mönche. Sie haben ihre Kapuzen ins Gesicht gezogen und lesen in schwarzen Büchern.
Du willst mit den Mönchen reden und sie nach Wolpertingern fragen. **79**
Du gehst leise hinter ihnen vorbei weiter. Die

drei Schwarzröcke sind dir unheimlich. . . . **263**
Du kehrst um und suchst dir einen anderen Weg durchs Gebüsch. **128**

383 Du kommst an das obere Ende der Oktoberfestwiese. Du kannst jetzt in Richtung Münchner Frauenkirche weitergehen. **261**
Oder willst du lieber die größte Frau Bayerns, die Bavaria, besteigen? **306**

384 Du folgst dem Fankerl. Er ist ein kleiner Zwerg, der in der Erde lebt oder in hohlen Bäumen. In einer Stunde führt er dich ins Erdinger Moos, wo du eine Spur entdeckst. Dort schenkt er dir einen Eisenring, verlangt aber von dir dafür den Revolver.
Du willigst auf diesen Tausch nicht ein und gehst der Spur nach zu **113**
Du tauschst den Revolver gegen den Eisenring. **296**
Du hast keinen Revolver und bekommst keinen Eisenring. Du folgst der Spur. **397**

385 Du setzt dich in das Tretboot und strampelst über den Fluß. Auf einmal blockiert dein Tretmechanismus. Schuld daran ist ein riesiger Fisch, der dir in die Ketten geraten ist und nun verzweifelt mit den Flossen um sich schlägt.
Willst du auf dem Tretboot bleiben, dann

zu **54**
Springst du lieber freiwillig ins Wasser, dann zu **165**

386 Das Gift wirkt schnell. Du kommst nicht wieder zur Besinnung. Im Jenseits triffst du den Münchner im Himmel, den Engel Aloisius. Der erreicht von Sankt Petrus, daß du nochmal auf die Erde darfst, um dich erneut auf die Wolpertingerfährtensuche zu begeben. Beginne wieder von vorne und laß diesmal größere Vorsicht walten. . **Ende**

387 Die Schmerzen sind jetzt so stark, daß du dein Bewußtsein verlierst. Als du wieder erwachst, geht es dir besser. Du hast aber zwei Gripspunkte eingebüßt, weil du tatenlos auf dein Ende gewartet hast. Zum Glück war der Pilz nicht tödlich. Du darfst dir einen Maßlpunkt gutschreiben. Jetzt bist du wieder wohlauf und gehst auf einen Wald zu. **89**

388 Da reißt dich ein weiterer Schrei zurück. Kein Zweifel, es ist der Brunftschrei eines Wolpertingers.
Du drehst dich um und läufst auf ihn zu. .. **288**
Du glaubst an eine Täuschung und setzt deinen Weg fort. **111**

389 Das unbekannte Wesen ist tödlich verletzt, kann aber noch ins Gebüsch fliehen. Am Boden findest du Federn und Haarbüschl. Wenn du willst, kannst du sie einstecken. Notier es dir dann aber auf. Du darfst dir außerdem einen Maßlpunkt gutschreiben, weil du gesiegt hast.
Willst du gleich weitergehen, dann zu **119**
Du kannst auch erst Brotzeit machen. Danach gehst du zu **392**

390 Zwei Tage hast du nun schon den Steigerwald durchsucht. Nichts. Willst du nun zur Frankenhöhe weiterwandern, dann zu **51**
Willst du noch zwei Tage im Steigerwald Fährten suchen? **361**
Willst du nochmals zurück in den Frankenwald, wo du wahrscheinlich Wolpertinger gesehen hast? **59**

391 Die Löwen des Bayernwappens sagen dir, daß sie das Münchner Kindl herholen können. Das kostet dich aber einen Maßlpunkt. Sie sagen dir auch, daß du nie zweimal das Bayernwappen aus den Händen des Kindls nehmen darfst.
Du versprichst, es zu tun, und wartest auf das Münchner Kindl. **205**
Du willst keinen Maßlpunkt hergeben und verzichtest auf eine Begegnung mit dem Münchner Kindl. **328**

392 Du verspürst nach der Mahlzeit ein menschliches Bedürfnis. Du möchtest es nicht im Freien erledigen und suchst nach einer „Befreiungshalle“.
. . . . **368**
Ein naheliegendes Holzhäuschen scheint dir für deine Zwecke geeignet zu sein. **211**

393 Der braune Rausch, den du hast, ist ein gewaltiger Bierrausch. Du torkelst betrunken herum. Dabei verlierst du einen Irxnschmalzpunkt und einen Gripspunkt. Schließlich fällst du auch noch hin. Wenn du deinen Rausch ausgeschlafen hast, dann zu **231**

394 Du hast den Räuber Kneißl entwaffnet. Er ist froh, daß du ihn laufen läßt. Als du weitergehst, siehst du in einiger Entfernung drei schwarze Mönche am Boden sitzen. Einer hält dir ein schwarzes Buch entgegen. Du nimmst es. Da beginnt es rot aufzuglühen.
Wenn du es trotzdem festhältst, dann zu . . **321**
Wenn du es erschrocken von dir wirfst, dann weiter bei **33**

395 Du bist im Schloß Neuschwanstein. Es ist menschenleer. Seltsam, denkst du. Da sind doch immer Touristen. „Aber nicht, wenn ich hier bin“, ertönt König Ludwigs Stimme hinter dir. Du drehst dich um. Du siehst den Märchenkö-

Schon mehrmals wurden gerade vor Schloß Neuschwanstein Wolpertinger gesichtet.

nig. Er hält dir zwei Briefumschläge hin. Du sollst wählen.

Du wählst das blaue Kuvert. **241**
Du wählst das grüne Kuvert, auch zu **241**

396 Du kommst an einem Busch vorbei. In ihm ist ein großes Nest. Willst du nah hineinschauen?

Dann zu **239**
Hältst du es für gescheiter, südöstlich weiterzugehen, dann zu **362**

397 Mit lautem Geschrei kommt etwas auf deinem Weg daher. Wenn es dir nur nicht die Spuren zertrampelt!

Du kannst ihm entgegenlaufen und es bitten, auf deine Spuren Rücksicht zu nehmen. **363**
Du traust dem Geschrei nicht, versteckst dich lieber und läßt es vorbei. **11**

398 Da bricht auf einen Schlag ein gewaltiger Sturm los. Er bläst dir so stark in den Rücken, daß du vom Weg abkommst. Du kannst es aber nicht verhindern und wirst rasend schnell und weit fortgetrieben. Plötzlich stehst du am Ufer eines Flusses. Schlagartig hört der Sturm auf und du schaust zu **217**

399 Du erwachst zu neuem Leben und sprichst den Bannspruch: „Kreiß, Kreissl, Kreiß, mach jetzt bloß koan Scheiß." Wie in Hypnose hüpft der Wolpertinger aus seinem Bau in den Kartoffelsack. Schnell bindest du den Sack zu. Hallali, die Jagd ist aus. Ich gratuliere recht herzlich. Du hast einen Wolpertinger gefangen. Du darfst dir die Fangurkunde bei **400** ausstellen.

400

Wolpertinger-Fang-Urkunde

Herrn/ Frau/ Herrlein/ Fräulein

....

(hier bitte den Vor- und Zunamen der Ehrenperson einsetzen)

wird hiermit königlich bayrisch beurkundet, daß er/ sie bei der Fährtensuche nach eihem Wolpertinger keine Mühen gescheut hat und es ihm/ ihr nach vielen Irrwegen und unsäglichen Schdrabazen gelungen ist, ein prachtvolles Exemplar des Bayrischen Wolpertingers (crisensus crisensus), auch schlicht Kreißl genannt, einzusacken und lebend nach Hause zu bringen.

Fortan darf er/ sie vor seinem/ ihrem Namen den Titel BMW (= **B**ayerischer **M**eister der **W**olpertingerjagd) führen.

Dies bestätigen am ....

(Datum eintragen)

Sepp Kreißmeier........	Karl Valentin........	Ich, des König........
Bayrisches Staatsmysterium für Wolpertingerjagd Sepp Kreißmeier	Wolpertingerpate Karl Valentin	ein ebensolches Rätsel wie der Wolpertinger Ludwig II., König von Bayern